四特 教育系列丛书 SITEJIAOYUXILIECONGSHU

U0640440

状物写作指导

《"四特"教育系列丛书》编委会 编著

吉林出版集团股份有限公司
全国百佳图书出版单位

图书在版编目 (CIP) 数据

状物写作指导／《"四特"教育系列丛书》编委会编著.
一长春：吉林出版集团股份有限公司，2012.4
（"四特"教育系列丛书／庄文中等主编.学生阅读与
作文方法指导)

ISBN 978-7-5463-8697-3

Ⅰ.①状… Ⅱ.①四… Ⅲ.①作文课－中小学－教学参考
资料 Ⅳ.① G634.343

中国版本图书馆 CIP 数据核字（2012）第 043994 号

状物写作指导
ZHUANGWU XIEZUO ZHIDAO

出 版 人	吴　强	
责任编辑	朱子玉　杨　帆	
开　　本	690mm × 960mm　1/16	
字　　数	250 千字	
印　　张	13	
版　　次	2012 年 4 月第 1 版	
印　　次	2023 年 2 月第 3 次印刷	

出　　版	吉林出版集团股份有限公司
发　　行	吉林音像出版社有限责任公司
地　　址	长春市南关区福祉大路 5788 号
电　　话	0431-81629667
印　　刷	三河市燕春印务有限公司

ISBN 978-7-5463-8697-3　　　　定价：39.80 元

前　言

　　学校教育是人一生中所受教育最重要组成部分,个人在学校里接受计划性的指导,系统地学习文化知识、社会规范、道德准则和价值观念。学校教育从某种意义上讲,决定着个人社会化的水平和性质,是个体社会化的重要基地。知识经济时代要求社会尊师重教,学校教育越来越受重视,在社会中起到举足轻重的作用。

　　"四特教育系列丛书"以"特定对象、特别对待、特殊方法、特例分析"为宗旨,立足学校教育与管理,理论结合实践,集多位教育界专家、学者以及一线校长、老师们的教育成果与经验于一体,围绕困扰学校、领导、教师、学生的教育难题,集思广益,多方借鉴,力求全面彻底解决。

　　本辑为"四特教育系列丛书"之《学生阅读与作文方法指导》。

　　阅读能力被著名教育家苏霍姆林斯基称之为学习技能的五把刀子之一,它不仅是语文学习能力的主要构成因素,也是训练学生的表达能力的重要途径,还是一切智力活动的基础。因此,有效阅读一直就是语文教学的核心,要提高语文能力,提升语文素养,必须加强有效阅读。

　　作文是人们交流思想和社会交际的重要工具。生活在现实社会里,无论你从事什么行业,都离不开写作,写作是人类生活的基本工具,是每一个社会成员搞好各项工作必须应具备的一种起码素质。本书从肖像、语言、行动、心理、场面、景物、静态、状物、抒情和话题等方面,为广大青少年提供了实际指导和范文阅读,使大家不仅可以学到作文的知识,还能感受到好词好句好段中所蕴含的优美意境,能够受到精神的陶冶。

　　本辑共20分册,具体内容如下:

　　1.《肖像描写阅读指导》

　　肖像描写即描绘人物的面貌特征,它包括人物的身材、容貌、服饰、打扮以及表情、仪态、风度、习惯性特点等。肖像描写的目的是以"形"传"神",刻画人物的性格特征,反映人物的内心世界。描是描绘,写是摹写。描写就是用生动形象的语言,把人物或景物的状态具体地描绘出来。这是一般记叙文和文学写作常用的表达方法。本书针对学生如何高效阅读肖像描写类文章进行了系统而深入的分析和探讨,并给予了切实的指导,对中小学生颇有启发意义。

　　2.《语言描写阅读指导》

　　语言描写是塑造人物形象的重要手段。成功的语言描写总是鲜明地展示人物的性格,生动地表现人物的思想感情,深刻地反映人物的内心世界,使读者"如闻其声,如见其人",获得深刻的印象。本书针对学生如何高效阅读语言描写类文章进行了系统而深入的分析和探讨,并给予了切实的指导,对中小学生颇有启发意义。

　　3.《行动描写阅读指导》

　　行动描写是刻画人物的手法之一,是塑造人物的主要手段。行动是人物思想性格的直接表现,因此,人物的行动描写就要善于抓住人物具有特征性的动作,从而展示人物的精神面貌,反映人物的性格特征,塑造出个性鲜明的人物形象。本书针对学生如何高效阅读行动描写类文章进行了系统而深入的分析和探讨,并给予了切实的指导,对中小学生颇有启发意义。

4.《心理描写阅读指导》

心理描写是指在文章中,对人物在一定的环境中的心理状态、精神面貌和内心活动进行的描写。是作文中表现人物性格品质的一种方法。最常用的是描写人物的内心独白,写出人物的所思所想,让人物一无遮掩地吐露自己的心声,说出他的欢乐和悲伤、矛盾和愁郁、忧虑和希望,使读者穿透人物外表,看到人物的内心世界。本书针对学生如何高效阅读心理描写类文章进行了系统而深入的分析和探讨,并给予了切实的指导,对中小学生颇有启发意义。

5.《场面描写阅读指导》

场面描写,就是对一个特定的时间与地点内许多人物活动的总体情况的描写。它往往是叙述、描写、抒情等表述方法的综合运用,是自然景色、社会环境、人物活动等描写对象的集中表现。场面描写要表现出一种特定的气氛要综合运用记叙、描写、抒情、议论等表达手段,以及映衬、象征等多种手法,这样才能使场面变成一幅生动而充满感染力的图画。本书针对学生如何高效阅读场面描写类文章进行了系统而深入的分析和探讨,并给予了切实的指导,对中小学生颇有启发意义。

6.《景物描写阅读指导》

景物描写,是指对自然环境和社会环境中的风景、物体的描写。景物描写主要是为了显示人物活动的环境,使读者身临其境。本书针对学生如何高效阅读景物描写类文章进行了系统而深入的分析和探讨,并给予了切实的指导,对中小学生颇有启发意义。本书不仅提供了学生有效阅读同范文,还提供了相应的阅读把握方法等,具有很强的系统性、实用性、实践性和指导性。

7.《风俗描写阅读指导》

风俗习惯指个人或集体的传统风尚、礼节、习性。是特定社会文化区域内历代人们共同遵守的行为模式或规范。风俗由于一种历史形成的,它对社会成员有一种非常强烈的行为制约作用。风俗描写主要包括民族风俗、节日习俗、传统礼仪等等。本书针对学生如何高效阅读风俗描写类文章进行了系统而深入的分析和探讨,并给予了切实的指导,对中小学生颇有启发意义。

8.《记叙文阅读指导》

阅读记叙文必须注意把握文章的基本要素,理清记叙的顺序以及线索,准确理解记叙中的描写议论和抒情。只有这样,才能从整体上全面把握记叙文的内容,理解作者的写作意图和文章所反映的中心思想。本书针对学生如何高效阅读记叙文进行了系统而深入的分析和探讨,并给予了切实的指导,对中小学生颇有启发意义。

9.《抒情散文阅读指导》

抒情散文主要是抒发作者对现实生活的感受、激情和意愿。抒情散文抒发的是怎样的感情,如何抒发,都与文章揭示的思想意义是否深广有极大的关系。本书针对学生如何高效阅读抒情散文进行了系统而深入的分析和探讨,并给予了切实的指导,对中小学生颇有启发意义。本书不仅提供了学生有效阅读同范文,还提供了相应的阅读把握方法等,具有很强的系统性、实用性、实践性和指导性。

10.《话题性范文阅读指导》

话题性文章一般与学生的生活实际联系的最紧密,学生应该有话可写。但由于话题比较宽泛,要出采也不容易。写作的关键在于把话题转化,或化大为小,或化抽象为具体。本书针对学生如何高效阅读话题性文章进行了系统而深入的分析和探讨,并给予了切实的指导,对中小学生颇有启发意义。

11.《肖像写作指导》

肖像描写即描绘人物的面貌特征,它包括人物的身材、容貌、服饰、打扮以及表情、仪态、风度、习惯性特点等。肖像描写的目的是以"形"传"神",刻画人物的性格特征,反映人物的内心世界。描是描绘,写是摹写。描写就是用生动形象的语言,把人物或景物的状态具体地描绘出来。本书针对学生如何提高肖像描写类作文写作水平进行了系统而深入的分析和探讨,并给予了切实的指导,对中小学生颇有启发意义。

12.《语言写作指导》

语言描写是塑造人物形象的重要手段。成功的语言描写总是鲜明地展示人物的性格,生动地表现人物的思想感情,深刻地反映人物的内心世界,使读者"如闻其声,如见其人",获得深刻的印象。本书针对学生如何提高语言描写类作文写作水平进行了系统而深入的分析和探讨,并给予了切实的指导,对中小学生颇有启发意义。

13.《行动写作指导》

行动描写是刻画人物的手法之一,是塑造人物的主要手段。行动是人物思想性格的直接表现,因此,人物的行动描写就要善于抓住人物具有特征性的动作,从而展示人物的精神面貌,反映人物的性格特征,塑造出个性鲜明的人物形象。本书针对学生如何提高行动描写类作文写作水平进行了系统而深入的分析和探讨,并给予了切实的指导,对中小学生颇有启发意义。

14.《心理写作指导》

心理描写是指在文章中,对人物在一定的环境中的心理状态、精神面貌和内心活动进行的描写。是作文中表现人物性格品质的一种方法。最常用的是描写人物的内心独白,写出人物的所思所想,让人物一无遮掩地吐露自己的心声,说出他的欢乐和悲伤、矛盾和愁郁、忧虑和希望,使读者穿透人物外表,看到人物的内心世界。本书针对学生如何提高心理描写类作文写作水平进行了系统而深入的分析和探讨,并给予了切实的指导,对中小学生颇有启发意义。

15.《场面写作指导》

场面描写,就是对一个特定的时间与地点内许多人物活动的总体情况的描写。它往往是叙述、描写、抒情等表述方法的综合运用,是自然景色、社会环境、人物活动等描写对象的集中表现。场面描写要表现出一种特定的气氛要综合运用记叙、描写、抒情、议论等表达手段,以及映衬、象征等多种手法,这样才能使场面变成一幅生动而充满感染力的图画。本书针对学生如何提高场面描写类作文写作水平进行了系统而深入的分析和探讨,并给予了切实的指导,对中小学生颇有启发意义。

16.《景物写作指导》

景物描写,是指对自然环境和社会环境中的风景、物体的描写。景物描写主要是为了显示人物活动的环境,使读者身临其境。本书针对学生如何提高景物描写类作文写作水平进行了系统而深入的分析和探讨,并给予了切实的指导,对中小学生颇有启发意义。本书除了提供各种作文的方法外,还提供了大量的好词、好段、好句供广大学生作文时参考借鉴,因此具有很强的系统性、实用性、实践性和指导性。

17.《静态写作指导》

在写物的静态时,我们要尽量去发掘这一静物的动态。如果我们要状写这些不可能有动态的物,那么,我们要去发现他们的质感和有活力的部分。如果我们抓住这些来写,那么,那些静静躺在盘子里,平平睡在盒子里的东西也会生出许多引人的魅力来。总之,我们写物的静态时,要尽量找些鲜活的因素来描上几笔,而且,这几笔往往是最最传神的。本书针对学生如何提高静态描写类作文写作水平进行了系统而深入的分析和探讨,并给予了切实的指导,对中小学生颇有启发意义。

18.《状物写作指导》

状物类作文,以"物"为描述的中心和文章的线索,或寓情于物,或托物言志,融知识性与趣味性于一体,表达文章的题旨。这是学生喜闻乐见的一种写作形式。因此,加强状物类作文的指导,既是学生的一种心理需求,也是新的课程标准的目标之一。本书针对学生如何提高状物类作文写作水平进行了系统而深入的分析和探讨,并给予了切实的指导,对中小学生颇有启发意义。

19.《抒情写作指导》

写抒情散文,重在"情"字。一篇文章要打动读者的感情,作者首先要自己动感情,把感情融注到字里行间。作家魏巍说过:"写好一篇东西,能打动人心,就要把心捧给读者。"把心捧给读者,就是要吐真情,有真意,让真情真切的行文去感动读者。本书针对学生如何提高抒情散文写作水平进行了系统而深入的分析和探讨,并给予了切实的指导,对中小学生颇有启发意义。

20.《话题写作指导》

要想写好话题作文,除了审题命题外,要注意选择自己最熟悉的事情,用自己真实的感情,另外还要选择自己应用得最拿手的文体,需要注意的是,话题作文也要注意体裁的确定,虽然作文的要求是让你自由选择文体,但是你一旦选择了某种文体,就一定要体现这种文体的特点,切不可写成四不象的作文来。总之,话题作文的写作给了你发挥自己写作优势的天地,只要选择自己最擅长的去写,你就会取得不错的成绩。本书针对学生如何提高话题作文写作水平进行了系统而深入的分析和探讨,并给予了切实的指导,对中小学生颇有启发意义。

由于时间、经验的关系,本书在编写等方面,必定存在不足和错误之处,衷心希望各界读者、一线教师及教育界人士批评指正。

编者

目　录

第一章

状物写作指导

1. 什么叫状物描写

状物是指以描写物体或景色为主的文章。有描写动物的，如《燕子》；有描写植物的，如《荷花》；有描写建筑物的，如《长城》；有描写景物的，如《梅雨潭》等。

写状物类文章和写人记事的文章一样，首先必须突出中心，只有中心思想明确，读者才能领会你的写作意图。同时，写这类文章还应适当地抒发自己的思想感情。产生联想和想象，恰当地运用一些修辞方法，力求语言生动，文笔流畅。

2. 状物描写的要点

一般说来，写状物类文章重在突出描写对象的形状、姿态、色彩以及其动静变化等，注意把握以下几点：

认真观察

"善于观察，细心观察"是写景、状物的必要条件。观察的目的是为了捕捉事物的特征，获得总体认识，弄清局部情况，注意事物的动静变化等。从中获得深刻的体验和真实的感受。所以，我们无论观察什么事物，都要有目的、有次序、认真细致地进行观察，千万不能粗枝大叶，走马观花。

抓住特点

自然界中，各种动、植物，各处景色都不尽相同。即使是同一类物、同一处景，也都因各种原因和时令变化而各不相同，各具特点。所以，我们在写状物类文章时，务必抓住所描述事物的特点。只有准确把握事物的特点，文章才能具体、真切，使人印象鲜明。

例如《燕子》一文，作者是这样描写小燕子的外形的：

一身乌黑的羽毛，光滑漂亮，一对俊俏轻快的翅膀，加上一个剪刀似的尾巴，凑成了那样活泼可爱的小燕子。

作者抓住了燕子羽毛"乌黑"、翅膀"俊俏轻快"、尾巴"剪刀似的"这三个特点，把"活泼可爱的小燕子"写得栩栩如生。我们有的同学在描写猪时往往写它"撅起的大嘴巴"、"耷拉着的大耳朵"；写公鸡时便写它"大红冠子"、"长尾巴"的特点。这样写当然可以，我们还可以抓住其他特点写。总之，要想把状物文章写得生动、真切，必须抓住事物的特点。

注重顺序

我们写文章不但要做到"言之有物"，同时还要做到"言之有序"。如果顺序安排得不妥，无论写人记事，还是写景状物，都会给人以繁杂凌乱的感觉。写景状物的文章，顺序种种，有按时间先后顺序写的；有按空间转换顺序写的；有按事物内部结构顺序写的；还有按总——分——总的顺序写的。

《美丽的小兴安岭》一文，是按春、夏、秋、冬四季的顺序写的：春季写"溪水、木排、小鹿……"；夏季写"森林、花草、浓雾……"；秋季写"枫叶、野果、药材……"；冬季写"风雪和动物冬眠"。这样按季节顺序用具体事物来说明小兴安岭是"巨大的宝库"，是"美丽的花园"，一年四季都是美丽的。

我们写状物类文章时，究竟按哪种顺序写，可根据内容，灵活安排。只有注重了顺序的安排，才能使文章条理清晰，层次清楚。

静动结合

有两句古诗："风定花犹落，鸟鸣山更幽"。这两句诗上句是静中有动，下句是动中有静。写诗能以动写静，以静写动，写状物类文章更应注意静与动的变化。

如《猫》这篇文章，先写猫的生活习性，是侧重于静态描写的。写猫"老实"，"找个暖和的地方，成天睡大觉。什么事也不过问"；

写猫捕捉老鼠时，"闭息凝视，一连就是几个钟头，非把老鼠等出来不可"。接着，作者连用几个动词，写猫可亲可爱，"蹭你的腿"、"跳上桌来"、"踩印几朵小梅花"，通过这一静一动，静动结合的描写，把猫的性格特点和作者对猫的喜爱之情写得淋漓尽致。

我们写状物类文章时，在观察的基础上，力求把那些静态的物品、楼房、树木，动态的行云流水、飞禽走兽等写得生动、逼真、惟妙惟肖。

3. 状物文章的写法

状物的"状"是陈述或描摹的意思，也就是有条有理地用语言文字表现或说明情况、形状和特征等。"物"包括的方面很广，在小学作文训练中，多指一些学习用品、生活用品、动物植物等。"状物"就是要求小学生把观察到的某物的形状、颜色、构造的成因等等以及由此产生的联想，受到的启迪，真实而细致地描绘出来，使读者对这一物体的特征有一个全面的了解。

要写好状物的文章，达到预期的写作目的，须注意以下几个方面：

注意仔细观察

天下万物千姿百态，各有其独自特点，要想充分写出某一物的特点，就要求我们在观察时，一方面要细致观察"物"的外部形态、形状、大小、色彩等；另一方面要注意"物"是否有变化过程，要善于从不同的角度去考察。

时刻注意围绕中心状物

无论是选材，还是描写，都要根据中心思想的需要而定，以便笔力集中，写得更深刻、更细腻，"物"的形象更为丰富。如果作文的中心应是"最心爱"，就要求表达自己对某物的喜爱之情，这既要求所写内容一定要让人觉得可爱，又要求所写内容确实可爱，在立意上不能出现偏差。

使用多种方法来描绘事物，特别要注意细节的刻画

我们可以采用比喻、拟人等手法来增添文章的情趣，还可以用动静结合的办法使"物"活起来。在可能的情况下，可以插入一些与所写"物"有关的故事、传说（要少而精）等，使内容更为丰富。

展开丰富的联想

描写事物离不开作者的情感与体会，抓住事物特点，将自己的体会联想与事物的特点融为一体，就可以达到状物寄情的效果。而文章融入作者丰富的联想，就会使内容更充实、更耐人回味。不过要注意，联想要以真实的事实为依据，不要完全脱离实际胡编乱造。

可以深入挖掘，使立意更深刻

在达到一般状物文章的要求之后，有能力的同学也可以做进一步思考，挖掘出物与物之间的内在联系，挖掘蕴含在"物"中某种启迪人的生活哲理和美好情趣，运用"借物抒情"、"托物言志"的方法予以表达。

这样说来，状物类文章在小学阶段可以分层来逐步解决。首要解决"特征"描绘，在作文起步阶段能用准确的语言叙述"物"的大小、厚薄、轻重、色彩、味道等本身的特点即可。接下来，可以学习运用修辞和联想的方法来美化笔下的"物"，进一步的学习可以思考"物"的性格，在写作的同时完善学生自己的品格。

4. 怎样写好状物文

状物的"状"，在这里是陈述、描摹的意思。以状物为主的记叙文是以摹形描状为主要内容的记叙文。写这一类作文可以锻炼我们的观察能力和描摹能力。

状物的记叙文，大致可以分成四种类型。

描述物品

物品多指日常生活中的小东西，如学习用品、生活用品、卫生用品、食品等等。记叙物品，要注意以下几点：

要写出物品的特点。物各有异，各种物品各有它们自身的特点，有的表现在形状上，有的表现在结构上，有的表现在质地上，有的表现在颜色上，有的表现在用途上。我们在作文前，要细致观察，掌握其主要特点，然后抓住特点重点下笔。当然在叙述特点时，还要有一定的顺序，记叙物品，一般按空间顺序。

要寄情于物。描述物品必须富有感情，只有爱得深才能写得好。因此我们一定要把自己对物品的感情写进去。只有寄情于物，才能引起读者感情上的共鸣，使文章有感染力。

可运用比喻、拟人等修辞手法。作家老舍先生说过："在描写时，不能不设喻。"确实这样，只能通过比喻，才能把简单的东西具体化，抽象的东西形象化。拟人也是状物文章常用的修辞手法之一。

象征要恰当。有一类状物记叙文，是借某具体事物的某些特征来表现某种人或某种道理，这种写法通常称为象征写法，也叫以物喻人或托物言志。如用蜡烛比喻教师，用时钟说明珍惜时光的重要。恰当的象征，能使文章思想内容的表达显得含蓄而优美。可是有的同学却滥用象征写法，任何一篇状物文章都加上深奥的道理，看了之后，使人有牵强附会之感。运用象征写法一定要注意：比喻之"人"，说明之"理"，一定要与"物"有某种相似之处，这样的象征写法才显得合情合理。

描述植物

植物包括花、草、藤、树，也包括蔬菜、瓜果、粮食作物等等。描述植物，要注意以下几点：

要抓住它们根、茎、枝、叶、花、果的特征，写出他们的形状、颜色、气味及果实的味道。描述植物的根、茎、枝、叶、花、果时，不能面面俱到，要抓住最能反映植物特征的部位写。

要写出植物的生长过程、发展变化。植物受外界环境的影响，随着季节的变换，形状和颜色都要发生变化。植物的自身也是不断生长发展的，如发芽、生枝、长叶、开花、结果，形状和颜色也是不一样的。因此描述植物时，我们要根据他们的不同季节、不同的生长过程，写出不同的特点。也就是说要写出它们的发展变化过程。

要写出自己的思想感情。思想感情包括喜、怒、哀、乐。有的植物我们喜欢，有的植物我们不喜欢，这就要求我们在文章中表达出自己的情感。

描述动物

动物包括鱼、虫、鸟、兽。它们有的在水中游，有的在空中飞，有的在山中跑，这些形形色色、无奇不有的动物都是我们描述的对象。

描述动物，要注意以下几点：

要写出动物的外形特征。动物的外形包括身体、毛色、脑袋、四肢、眼睛、耳朵、尾巴等。描述外形不能像记流水账，面面俱到。应该突出重点，有一定顺序。

要写出动物的生活习性。生活习性就是指动物在吃、住、行、睡等诸方面的生活习惯。由于受生活环境的影响，动物的生活习性是不同的，因此在描写动物的生活习性时，一定要认真观察，抓住特点。

要写出自己对所写动物的爱憎之情，把感情融入于具体描写之中。

描述建筑设施

建筑设施是指建筑而成的东西，如桥、塔、喷水池、纪念碑、房屋等。

描述建筑房屋时，要注意以下几点：

要交代观察点，也就是说明你是站在什么地方看的，是远眺，还是近看；是定点看，还是"移步换景"。因为从不同的观察点、不同的角度，对同一景物所获得的印象是完全不同的。"横看成岭侧成峰，远近高低各不同"说的就是这个道理。

要围绕中心事物，按一定的方位，依次说清楚。方位是指上下、左右、前后等，我们观察事物只有按一定的方位顺序看，才能看得清楚、仔细。要做到方位分明，还要有中心目标。有了中心点，其他事物的位置也就能说清楚。

要抓住建筑的特征，进行具体描述。建筑设施的特征通常指大小、高低、形状、颜色等等。

5. 写状物要写出特点

点击现在初中学生的写作状况，作为语文老师的我们常会感到担忧和痛心。由于应试教育的"功利"，学生喜欢到作文选、写作大全中找素材，寻章摘句，剪辑速成。纵观学生的作文，几乎千人一面，内容单一，结构也是脸谱化。如何让学生立足生活、观察生活、发现生活、感悟生活，以我手写我心？我们先从状物类作文入手。

《语文课程标准》明确指出："写作教学应贴近学生实际，让学生易于动笔，乐于表达，应引导学生关注现实、热爱生活、表达真情实感。"体验式作文教学是学生用个性化的语言表达自己真情实感的心路历程。然而在习作过程中，学生面对作文一筹莫展怎么办？学生有了体验不知怎么表达怎么办？

以"原型"体验为发端，唤醒习作冲动和兴趣

陶行知先生说"生活是教育的中心"，"没有生活做中心的教育是死的教育"。

作文之前，设计一段紧密联系生活、富有感情、新颖优美的提示语，能激发学生多种体验，能激发原型、唤起回忆、引起联想、触发情感、启迪思维、开拓思路，能捕捉到学生写作的"兴奋点"和"动情点"，能一下子"惊醒"学生心中储备的表象，并能把它贯通起来，获得写作的冲动。

例如：布置了命题作文："花花草草皆可成文，一草一木皆有情谊。一切事物不仅可亲可近，而且可思可感，请你任选一种自己接触较多、或观察较细、或体验感悟较深的某一具体花草树木，以"我爱_____"为题，写一篇600字左右的文章。"我就设计了以下的提示语：

植物遍布在我们生活的每个角落。山上有郁郁葱葱的森林，田野有一望无际的庄稼；河里有水草，岸边有垂柳；路旁有绿化带，有花草；楼群中间有绿地，有绿树；阳台上有四时花草，上学的路上，四时的花木为你演绎这不同的风景。面对自然风景，花草树木，杜甫"感时花溅泪"，刘禹锡"沉舟侧畔千帆过"。周敦颐爱莲、陶渊明爱菊、林逋爱梅，林林总总，不一而足。古人对花草树木都有一种独特的感悟，别样的情怀。那么，做为学生，面对着生活中耳闻目睹的自然景物，细心寻觅、仔细观察，或许就会发现或感受到大自然的美妙，或从中获得某种启迪。

通过学生的眼睛，我发现他们已经心有所动，跃跃欲试了。

通过"下水文"引领学生状物寄情，习得技巧和方法

"心动"了还远远不够，写植物的题材比较多，怎样才能写好这类题材？首先是要把植物的形状、特点或生长过程观察清楚，交代明白。

如何观察和描写植物？引导学生进行片段练笔。

观察要细致，描绘抓"特点"。每次布置学生作文，我都会写个"下水段"或"下水文"来为学生引路。

做生活中的有心人，仔细观察是写作的前提条件。写作前，选择好你喜欢的植物进行认真观察。观察的重点是植物的干、枝、叶、花及颜色，了解它们的形状、色彩、味道等。抓住特点，有目的地观察。如植物开花时的姿态、颜色、花期；植物叶子在不同时间、不同季节的变化。另外它对阳光、土壤、肥料和水的需要如何，但又不可面面俱到，要抓住最能反映植物特征的部位泼墨如云。

状物要写得好，对物的描写要做到准确细腻，充分调动各种感官，准确用词，巧妙运用比喻、夸张等修辞手法使语言生动、形象。

例如下面一段是笔者对"牵牛花"的描写：

　　翠绿的茎叶间，开出了几朵颜色各异、鲜艳美丽的喇叭花！心形的叶中，冒出一朵朵绯红、深紫、莹蓝的花儿。瞧，她们伸长了细嫩的脖颈，骄傲地擎起了朝天的小喇叭。这柔嫩的小喇叭既像一个小小的时间漏斗，又像一只玲珑美丽的高脚酒杯。花不算大，但色彩变化却很是丰富：底部的花筒颜色，有的是白色，有的是淡淡的桃粉色，越往上颜色愈深，最漂亮的是花筒上方顶着的颜色，也就是花瓣边缘的色彩，有大红的，有紫色的，有粉蓝的，有深蓝的，甚至还有的镶了白边的……曼妙的花色，碧绿的心叶，纤细的绿茎，卓然而清丽。

　　描写人格化，融入真感情。在描写植物时，如果能进行人格化描写，就可以使笔下的花草具有一定的神韵，这样写出来的文章就会情趣昂然。通过合理的联想，把静物写活，能使文章具体生动、形象可感、充满真情。

　　例如笔者的下水文《家有吊兰绿常驻》的描写：

　　它根叶似兰，花茎横伸倒偃，悬空凭虚，因而得名；吊兰叶子，翠润如玉，经脉清晰，叶间的几根走茎散挂在花盆的四周，茎端坠着青绿的带着气根的小吊兰。

　　形似展翅跳跃的仙鹤，因此还有"折鹤兰"之称。每每有轻风抚过时，她便茎叶摇曳，舞姿悠悠。

　　没过几天，浸泡在水下的粗短淡绿气根就长成了一丛白色的根系。不需要特别的照料，仅以清水养的吊兰居然也能成活。

　　这两个状物段落写得生动、形象，紧紧抓住了吊兰的外形特点和内在生命力顽强的精神特点。

总之，对植物的观察只写感性认识，这还不能达到完全认识植物的目的，我们还要通过分析，找出它的特点以及神韵。

如何选材立意和布局某篇，指导学生组段成篇

选材立意要巧妙：筛选心有所感的事物。

这是一道半命题作文题，首先需要筛选自己熟悉的某一种具体事物，把文题补充完整。选点一要熟，二要对其心有所感，如此才能写出自己的真性情，才会言之有物。

布局谋篇要有序：思路清晰层次分明。

虽然观察点只是一种植物，但也要注意写作顺序。可以先从整体绘其形，可以按根、茎、叶、花、实的顺序写，再抓住其神韵或精神或比喻意义……总之，按一定的顺序写，这样作文才能层次清楚，有条不紊。首先绘物之外形特点，再写其功能或精神等。

水到渠成主旨显：状物寄情或托物言志

状物还需要融入自己的主观感受，力求赋予客观事物以强烈的主观色彩：可以通过对某一具体事物的描绘，使其形神兼备，挖掘其精神特质，从而直接抒发对其赞美歌颂之情；可以写"我"从事物中所感悟到的人生哲理小火花；可以以物喻人，借物来抒发和事物有相似点的人的崇敬之情。

《家有吊兰绿常驻》中，作者感动于吊兰一年四季的绿意葱茏、美化环境、净化空气、生命力顽强，表达了对其热爱赞美之情。并再作延伸，将思维的触角探向深层，即由此获得的启迪——"爱出者爱返，福往者福来。"使主旨得以深化。

一般地来说，状物不是为了状物而状物，往往是为了表达作者对生活的热爱之情；或更深层次地看，写状物文不能就物摹物，而要由物及人，通过写物来歌颂某种精神，或获得某种启迪。

叶老曾说过："生活犹如泉源，文章犹如溪流，泉源丰盈，溪流自然活泼地昼夜不息。"生活是"取之不尽，用之不竭"的源头活水。但也需要教师适当的引领和点拨技法，学生才会从自己亲身经历中寻找素材，把目光投向生活的广阔空间，在广阔的世界里，抒写生活、展示才华。

6. 状物写出特点的方法

分类描写法

分类描写是按描写对象的不同类别，如天地、山川、草木、虫鱼等；或不同方面，如形状、颜色、声音等的顺序来写的。因此描写时，不一定要交代观察点，也不一定要按时间或空间的顺序进行描写。采用分类描写法要把握景物的总特征和各类景物特征的关系进行描写。描写各类景物时，都要围绕景物的总特征。采用分类描写法，还要注意准确地"分门别类"，避免重复交叉。

围绕中心法

我们描写景物时，不可能把看到的全部写下来，而且也不必要全写。围绕中心法就是根据文章中心的需要，选择有关的景物进行描写。采用围绕中心法描写景物，首先要确定文章的中心。有了中心，写景就有了主心骨。中心的确定来自对景物的细致观察。通过观察，抓住景物的主要特点，这就是文章中心。中心确定以后，就要对观察到的景物进行筛选，能表现中心的就要进行细致的描写，能衬托中心的也要进行必要的描写。与中心无关的，就略去不写。

移步换景法

移步换景法一般适合于游记或参观记，描写景物时，人走景移，随着观察点的变换，不断展现新画面。采用移步换景法描写景物时，首先要把观察点的变换交代清楚。这样，读者才能清楚地知道游览或参观的路线。其次要把移步中或移步后所见到的景物具体地展现出来，使读者看到一幅幅绚丽多彩、内容丰富的生动画面。采用移步换景法描写景物时，要注意围绕一个中心展示不同的画面，避免有支离破碎的感觉。其次，要进行精心的剪裁，要把一路上最有特色的景物描绘出来，删去一般性的描写，避免记流水账。

定景换点法

同一景物，从不同的位置去看，所呈现的面貌是完全不同的。采用定景换点法描写景物就是把不同位置观察到的景物的差异写出来。采用定景换点法描写景物，首先要把观察点的变化情况交代清楚，使读者知道是在什么地方观察到的。其次交代观察点时要按一定的顺序，或由下至上，或由上至下，或由远及近，或由近及远，或由左到右，或由右到左。此外描写景物时，注意从不同的侧面去反映，使读者对景物有整体感。

定点换景法

运用定点换景法描写景物，首先在观察景物时要注意选择好观察点。因为表现同一事物时，立足点不同，观察的"方位"、"角度"不同，呈现的面貌也各不相同，表达效果大不一样。其次描写时要注意把观察点交代清楚，即使不用文字作专门说明，也应该让读者能从描写中领会到作者观察的立足点和角度方位。此外描写时，要按照一定顺序即由近及远或由远及近，由高到低或由低到高，从左到右或从右至左等等。这样可以把景物写得层次清楚，鲜明逼真，有立体感，给读者以如临其境，如在眼前的感受。

日内变化法

同一景物在一天内不同的时刻，景色是不一样的。采用日内变化法描写景物，我们必须随着时间的变化而变化，去勾画景物的不同画面，并做到各有侧重，避免画面相似。采用日内变化法描写景物，不能只改变景物的地点，而且侧重点可以变化。这样，才能做到同中有异。

随时变化法

随时变化法一般运用于描写日出、月上、日落、月夕等天空的景色变化，以及描写刮风、下雨、下雪等天气变化。采用随时变化法描写景物，一定要注意仔细观察在时间的推移过程中，景物所发生的细微变化，这样才能言之有物。在描写景物时，要把时间的变化交代清楚，这样能反映景物变化的时间进程感。其次，要把景物在各个时间里自身特征的变化描写具体，使读者好像看到一场景物变化的小电影。

季节特征法

采用季节特征法描写自然景物，一定要对景物四季不同的特征进行仔细观察。描写时，既要逼真地再现具体的时令特征，又要表现景物本身的特征，使时令特征和景物特征融为一体。在描写景物的四季特征时，不能面面俱到，要做到各有侧重。此外，运用季节特征法描写景物时，不能变换景物的地点，要对同一地点的不同季节景色进行描写。

7. 写状物作文的方法

你的小屋也许是个美丽的世界。床头放着和你朝夕相处的洋娃娃，墙上挂着你心爱的布贴，桌上摆着夜夜陪伴你的台灯和嘀哒嘀哒的小闹钟，书柜里珍藏着装帧优美的画册和相册，排列着竹的、泥的、瓷的小动物和小人物，真讨人喜欢，那么在它们中间，你最喜欢的是哪一件呢？

你喜爱的小物件可能并不难找，可是一旦真的动笔，把它介绍给大家就可能感到困难了。别急，让我告诉你吧。

挑好小物件，也就是通常说的选材。可以写金发碧眼的洋娃娃，展翅欲飞的飞机；可以写遥控坦克、汽车，逗人喜欢的瓷猫、小狗，变化万千的金刚；可以写奔马的台笔架，当然也可以写不倒翁……

确定写作的顺序

先写什么，后写什么。描述一件物件，总要告诉读者这件物件的来历、样子和用途吧！比如一盏台灯，总要由底座、灯柱、灯罩组成；一本相册，也要有封面和内页构成。所以你在描写物件时，一定要定好写作顺序。如台灯，可以由上到下，也可以由下到上。我们来看这一段话。

　　我家有一盏漂亮的小台灯，远看就像一个大蘑菇。下面是黑色的圆形的底座，上面是个椭圆形的灯罩。灯罩上有四幅画，第一幅有两只丹顶鹤，它们在苍松下扭动着身躯，梳理着洁净的羽毛；第二幅有两只画眉，正在翠绿的枝叶中引吭歌唱；第三幅画着一只顽皮可爱的小猫，正在兴高采烈地捕捉一只蝴蝶；第四幅画着一只胖乎乎的小白兔，竖着耳朵，正津津有味地啃着大白菜呢！能工巧匠们用多彩地画笔把灯罩装饰得生机勃勃。

不难看出，这篇短文先总写台灯的形状，后按照从下到上的顺序描述的。

对人物、物件则通常采取由上到下的顺序。

　　每朵荷花中央有一位纸做的少女，亭亭玉立。她梳着长长的发髻，头上佩戴着闪闪发光的金钗，身上披着绣满荷花的外衣，肩上搭着白色的纱巾，下面是绿色的长裙，显示出了她优美苗条的身段。

而方圆形的物件大多是从外到里描述的。

　　我家有一个漂亮的茶叶筒，它是用铝合金制成的。重量轻，又不容易生锈。茶叶筒是圆柱形的，由三部分构成：筒身、筒盖、内盖。茶叶筒的筒身呈现出深蓝色，上面绘有一只美丽的孔雀站在一棵大树的粗枝上。那孔雀昂着头、抖动着身上五彩缤纷的羽毛，好像在炫耀它的衣裳呢！大树下，一朵朵盛开的小花，映衬着碧绿碧绿的小草，格外引人夺目。

在图案的右上方，印有两个红艳艳的大字——"北京"，说明了它的产地。打开茶叶筒外面的大盖，里面还有一个小盖，因为是双层盖子，密封得严实，可以保持茶叶气味的芬芳。

写时应注意用准方位词，为了把一件物品的各个部位说清楚、说明白，要准确地选用表示方位的词。如：上边、下边、左边、右边、里面、外边、前边、后边等等。准确地运用方位词，才能把物品的部位写清楚，也会使文章的层次清楚。

请你阅读下面的作文：

小闹钟

我家有个小闹钟。

它的样子又漂亮又滑稽。说它漂亮，一点儿也不夸张。透明的玻璃罩、鲜红的外壳、表罩上围着一圈锃光瓦亮的金属圈。说它滑稽也不过分。它那两只细小的腿托着圆圆的身躯，再加上那个提手，活像戴上了巴拿马小草帽，样子真可笑！而最辛苦的是表盘上的"劳动者"：时针、分针和秒针。它们按照规定的运行轨道准确地走着。看！墨绿的秒针走得多么急促，像是有什么东西在追赶着它；漆黑的分针走得又那么稳健，像是在无忧无虑地散步；时针呢？别看它像停着不走，其实它也和伙伴一样，一刻也没有停止。

自从小闹钟和我结成了亲密的伙伴，懒觉再也不来缠我了。每天早晨，小闹钟发出清脆的"铃铃"声，催我起床锻炼、学习。当我思想懒惰的时候，它就"嘀嗒，嘀嗒"地提醒我："怎么？你要偷懒了？"于是，我马上振奋起来，又和它一起迈开新的步伐。

小闹钟和我形影不离了。现在，我正和它比赛，看谁跑在时间的前面。

评析：这篇作文描写了一个小闹钟，读来感到条理清楚、层次分明，这是由于作者按照一定的顺序观察和叙述的结果。通读全文，我们会知道小作者是按照从整体到局部的顺序进行观察的。观察整体，写出了"它的样子又漂亮又滑稽"。然后从整体到局部依次进行了观察，写了它的表罩、金属圈、细小的腿、圆圆的身躯、提手、三种不同的指针。在观察时作者还展开了联想和想象，如说秒针"走得多么急促"，说分针"走得又那么稳健"，说时针"像停着不走"。丰富的想象，巧妙的比喻，把表针描写得出神入化。描写一种物品，离不开写这件物品的作用。文章的结尾，用小闹钟促"我"早起锻炼、学习，写出了它的作用。

抓住物体的特点

只有抓住特点，才能把物件写具体。什么是特点？就是它与其它事物不同的地方，有的表现在形状上，有的表现在结构上，有的表现在质地上，有的表现在颜色上，有的表现在用途上。我们在作文前，要细致观察，掌握其主要特点，然后抓住特点重点下笔。只有这样，各种事物才能区分开来。只有认真从他们的构造、材料、形状、颜色以及动静态上观察分析，就一定能找到。请看这段对一盏灯的描写：

红缎子上放着一盏样子很别致的灯，灯身是一个石榴，有人头一般大小，上面有几道裂开的地方，露出一粒粒玛瑙做的石榴子，石榴皮是金的，上面的皱纹和真正的石榴皮的皱纹一模一样。

"灯身是一个石榴"是灯的形状，"有人头一般大小"写出了灯的大小，"只见有几道裂开嘴的地方露出一粒粒玛瑙做的石榴子"讲明了灯的构造及材料，"石榴皮是金的，上面的皱纹和真正的石榴皮的皱纹一模一样"，则描绘出灯的颜色、材料。这是一盏名贵而别致的灯，和其它的形形色色的灯完全不一样。只有把物品的形象描写得具体、有特点，才能给人留下鲜明、深刻的印象。例如：

> 这盏小台灯全身披着粉红色的外衣。蘑菇盖儿形的灯罩罩着奶白色的灯泡。灯柱是一根圆形的管子，光洁如玉。灯座是长方形的，揭开盖子一看，还是一个漂亮的文具盒呢。最有趣的是灯座上伸出的两只小手臂——两根细细的粉红色的横竿……

习作《台灯》这就把台灯的外形展现在读者眼前了。再如下面的一段话：

> 透过小公鸡肚子上的玻璃钟罩，便可以清晰地看到12个黑色的数字，匀称地分布在刻度盘上。黑色的一短一长两只针，分别是时针和分针，红色的是秒针，黄色的是定时针。鸡鸣闹钟是只电子钟，走时精确，悄无声息，可使我安然入睡。

把钟做成小公鸡的模样，真是很恰当。这样的产品一定有很多人买。

抓住特点写时还要注意以下两点：

倾注自己的感情。在描写物品的外形、结构、用途后，还要倾注自己的感情，喜爱或赞美之情。例如：

> 小闹钟啊，你日日夜夜、分分秒秒，毫不疲倦，不停息地向前走，向我准确地报时，使我的生活、学习有条不紊；你那清脆悦耳的铃声常催促着我抓紧时间、争分夺秒。小闹

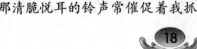

钟啊，你是我最忠实的朋友。

描述物品必须富有感情，只有爱得深才能写得好。因此我们一定要把自己对物品的感情写进去，才能使文章有感染力。

充分展开联想。要把物品写"活"，还必须结合物品的形象展开恰当的联想。例如：

> 这匹瓷马好威武啊！它高昂着头，好像在远眺；它张大了嘴在长啸。奋起前蹄，要腾空而起，那强壮的后腿，微微弯曲，好似鼓足了劲，已经做好了冲锋陷阵的准备。脖子底下的那个铃铛，小巧玲珑，在马奋力奔跑时，准会发出清脆动听的叮当声。我久久地端详着这匹千里马，仿佛自己正骑在它的背上，向前驰骋……

这丰富的联想以形传神，使瓷马跃然纸上。为了达到这一目的，可以运用比喻、拟人等修辞手法。通过比喻，才能把简单的东西具体化，抽象的东西形象化。拟人也是状物文章常用的修辞手法之一。

读下边的这篇短文，体会作者是怎么进行联想的。

小闹钟

"嘀嗒，嘀嗒，嘀嗒……"我家的闹钟总是不停地响着。"嘀嗒，嘀嗒，嘀嗒……"姐姐说："那是时间老人的脚步声"。

时间老人什么样儿？它为什么总不休息？它是在追赶什么人么？对了，是在追赶爸爸！爸爸前几天捧了一张大奖状回家，人们都称赞爸爸是走在时间前面的人。是的，闹钟在追赶爸爸，嘀嗒，嘀嗒，嘀嗒……

走在时间前面多么光荣，我也要走在时间前面，明天早晨早早起床……

这天晚上，我做了一个梦：小闹钟长了白胡子，跟在我的后面跑，嘀嗒，嘀嗒，嘀嗒……

8. 状物的一般方法

描绘景物的色彩、形状、声音，让景物具有立体感。

调动自己的视觉、听觉、触觉、味觉等多种感觉描摹景物，突出其可感性。这也就是欧阳修所讲的"状难写之景，如在目前，含不尽之意，见于言外，然后为至矣。"

变换观察角度，让景物形态具有全景感。

刻画景物变化，突出景物形态的丰富性。"盖诗文所以足贵者，贵其善写情状。天地人物，各有情状。以天时言，一时有一时之情状；以地方言，一方有一方之情状；以人事言，一事有一事之情状；以物类言，一类有一类之情状。情状不同，移步换形，中有真意。"

景物的形状因时间、空间的变化各有不同，善描绘者当细心观察，多方描摹，用心感受。

虚实结合，扩大想像空间。写景应形象逼真，如若亲见，而对景物的描写又不可太实，还要加上作者的独特感受，加工创造出情景交融、引人联想的深远境界。

运用比喻、对照等手法，突出景物特点。清代的刘熙载说："《书诀》：'石有三面，树有四枝。'盖笔法须兼阴阳向背也。"写景状物，要从客观事物的整体出发，不拘一格地从多方面加以描绘。例文：

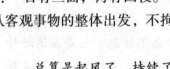

总算是起风了，持续了一个多星期的酷热总算被稍稍地驱散了一些。我走在小径上，风吹树叶所发出的沙沙声令我感到这段日子以来难得的惬意。我不禁抬起头，感激地朝发出声响的树看了看。只看了一眼，突然被一片飘落的枯叶吸引住了。那树叶缓缓而下，蜷曲着，微黄的身体显示出它的生命已然灯枯油尽，它即将化作几粒微尘，随风散去。

在世界上某个角落里，也许正有个生命如同那枯叶一般逝去了。而我们，也终会在某一个早晨或夜晚，燃尽我们的生命之火。

一片树叶，从萌芽到长大，从嫩绿到泛黄，仅仅是半年功夫罢了。而一个人的生命，从诞生直至死亡，又能有多久呢？但并无哪片树叶因为这注定的命运而拒绝吐露她那悦目的翠色，同样的，在我们的星球上，也未曾有过由于畏惧注定的死亡而拒绝生活的人。他们或许伟大，或许渺小，可能他们的生命不过十年二十年而已。但在这段历程中，他们拼搏过、奋斗过，为着理想，为着价值。他们都点亮过或明或暗的灯光，在命运的丧钟敲响以前，他们可都是在热情地活着的呀！

这时，又一片枯叶在我眼前飘然而下，它已结束了自己的使命，理应享受到安息。风动叶响，那沙沙的声音，便是在奉献着自己的绿叶，在诉说着前辈们的光荣，在向逝者道别吧。

我又一次抬起了头，灿烂的阳光正透过枝叶照射过来。于是，那舞动的绿色便显得更加有生气了。由此我深深体会到了夏的活力，这活力，丝毫未因衰败的叶子而削减，她被更多的新生的生命支撑着，永远年轻而美丽。

那天晚上，忙完了许多琐事，心情十分烦倦。匆匆出了家门，赶往车站，打算搭公共汽车去上班。走到巷口，偶然一抬头，忽然看见远处那一大片湛蓝的夜空。那夜空，是异样的光洁莹澈，衬在闪烁的灯光与房屋的黑影背后，远远地伸展出去，带着一种非常的宁静与高贵。像一个大手笔的布景师，不惜工本地用了一大幅光滑无比的软缎来做都市之夜的背景。

我蓦地觉得自己由烦倦的现实飞升到一个幻想的世界。怎么会有如此辽阔、莹澈、光洁、湛蓝的夜空呢？而那一大把撒出去的星粒，就像无数闪耀的碎钻，散落在无垠的宝石蓝色的软缎上。

那夜空怎么蓝得那样亮，亮得像是镀了一层光呢？哦，原来那边镶着一个圆圆的月。这才想起，假如不是闰月，今天该是中秋节了。难怪月色如银！那格外明净的天宇，不仅是因为月色，而更是因为风。今天有4级风。台风征候尚未完全逸去。她扫出了一大片晴空，而且余兴未尽地继续扫着那聚在东南方的一堆云絮。那一堆云絮簇拥在许多屋宇背后，从远远的地平线彼端冉冉地浮升上来，就被4级风轻轻地、一簇一簇地卷向天空，慢悠悠地上升着、慢悠悠地变形。由一堆云絮变成一个老人，又变成一只绵羊，再变成一只由背后被风牵曳的鸡；然后鸡的形貌轻轻地幻散，你再也说不出它像什么。继续地游动，继续地幻散；变成两朵或三朵，分头飘去。你不知道追随哪一朵才是，你觉得自己也已幻散。于是，你再想去追另一簇云絮，它们开始从屋宇背后浮升时，总是很大的一簇。这一簇，飘飞得十分迅速，直向那轮圆月飞升而去，仿佛要奔向月宫。于是，月光把云朵染上一圈金黄，又染上一圈浅紫。云朵再向上飘飞到一半旅程，渐渐变成了一个大大的烟圈。透过烟圈的环形，月亮的银盘在上方静静地端庄地照着。云朵距离它还好远好远，我看得到那距离，那是十分立体感的一段距离。云并不想追上月，云只是无心地飘飞、无心地幻散。那烟圈也就这样地幻散，成为许多小小碎碎的白絮，轻轻地飘飞、轻轻地消失。于是，又升上来另一簇云。

我看着这簇云，它悠然地延伸、延伸，变成长长的一带，像一只橡皮艇。然后以迅捷的姿态飘飞而来。看着它，我忽然想起幼时唱的一首歌：如果我能飞升/如云能堪承载/我便入云驾驶/多么自在……真的，如果我乘云朵飘飞，将如何呢？云一定不问我要到何处去，云一定不问我自何处来，云一定不问我可曾向谁请假，也一定不问我可有什么未了之责。云甚至不会感到有我在它上面乘载，它仍是那么无意地飘飞、无意地幻散。那么，我也将随它无意地飘飞、无意地幻散，飘飞、幻散，飘飞、幻散，终而至于消失。

曾有人歌颂过消失之美。那种不经意的消失；那种完全"放开手，随它去"的消失；那种悠悠然、毫不牵恋的消失；那种飞向无穷，飘向无限的消失，让你的灵魂就那样摆脱开一切牵绊，轻轻地浮起，悠悠地远去，毫无重量地幻散，毫不沾惹地消失。

生活的烦倦在何处呢？如果你是云朵。

点品：作者将情感的变化系于飘飞的云上，借云的飘飞幻散自己内心的波动，情感细腻，富有理趣。

9. 状物作文怎样得高分

在毕业、升学考试中，状物的文章一般单独出现的情况很多的，有的是包含在写人、记事、记活动的文章当中，有的是看图作文，有的则是片断练习。因此，在准备毕业、升学考试时，对状物这样的文章应给予充分的重视，不要认为这些无足轻重，忽略了对它们的掌握与练习。

状物，有重点有条理有情趣有中心有感情，才能得高分！

写作考试中的状物的文章，要注意紧扣文题、根据要求、迅速构思、执笔成文。

在考试中，写状物的文章时，要开拓思路，广泛联想。可以写游记、参观记，写一种小动物、植物、工艺品、玩具、文具，写一个建筑物、纪念塔或其他景观等等，要充分进行练习，并于写完后认真进行修改。

关于状物，小朋友们还常常会搞错这样一个题目：《我最喜欢的》。有的同学拿到这个题目以后，由于审题不严，没有仔细去想，把题目补足成了《我最喜欢的一个小表弟》或《我最喜欢的人——妈妈》，也有写老师、同学的，这从审题及明确对象上说，都不合要求。其实，这个题目里面，是要求我们写玩具、学习用品、体育用具等等，也可是某一种动物或比较有趣的玩意儿。

总之，这是个写物的题目，而不是个写人的题目。如果题目是《我最敬爱的……》，那么，写上老师、长辈等，就确切了，因为这才是写人的题目。

得高分的要求

对于考试中的状物文章是有基本要求的。首先应该明确：状物，就是描写自然界的各种物体，包括植物、动物、静物、景物生活用品等。状物的目的是使读者对所描写的各种物体有一个准确、鲜明的具体形象。

怎样状物

我们在考试的答卷中，应该从以下五个方面努力得高分。

要弄清题意，明确要求。虽然状物文章题目一般都比较简单，但也有个按题目要求进行写作的问题。审清题目，弄明白写作要求，这是动笔之前必须解决的关键问题。

确定要表达的中心意思，围绕中心意思选择好材料。在有限的篇幅和时间里，对"物"写什么，不写什么，衡量的标准是文章要表达什么中心意思。根据要表达的中心意思，解决好要写什么的问题。

学会有详有略，详略得当地来状物。一般地说，凡是和要表达的中心意思关系特别密切，最能突出中心意思的内容，就是重点材料。对这些地方应详细具体地写；对表现中心意思只能起辅助作用的内容，是次要材料，应当简要、概括地写；与表达中心意思无关的或是可有可无的内容，就不要写。

要注意列好全文的写作提纲。用列提纲的办法帮助写作，可以紧紧围绕中心选择材料，安排文章的结构，做到详略得当，叙述得有条有理。

状物时，要准确地抓住所描写物体的特征。特征指的是这种物体和其他物体的区别，在形状、颜色等方面独特的地方。状物时要描写物体的大小、形状、颜色、质地，使被描写的物体轮廓清楚，形象逼真。我们应该从物体的整体、局部、细节等方面进行仔细的观察，通过认真地分析、比较，努力做到写什么、像什么。

状物时要言之有序。状物的顺序与物体本身的特点和观察物体时的顺序密切相关。我们可以按照由上到下，从前到后，从左到右，由中间到两边，由外向内或由主要部分到次要部分的顺序进行观察和描写。可以通过描写物体各部分的相互关系，构成对物体的完整印象，也可以从部分到整体，或从整体到部分，使物体的形象更为清晰。

金点子

在描写动物的文章中，在介绍动物的活动情况或生活习性时要注意以下三点：

抓住动物的一些有特点的活动来进行介绍；

要注意按照一定的顺序进行介绍；

要注意把活动过程中的每个步骤写具体。

怎样把"外形"和"活动"结合起来呢？一般是分段进行，先用一段或几段写外形，然后再用另一段或几段写活动（或习性）；另外一种接连的方法是运用过渡句或过渡段的方式进行结合。

高分佳作

我家的金黄公鸡

我家养了许多鸡，我特别喜爱那只金黄公鸡。

我爱这只金黄公鸡，是因为它与别的鸡不一样。它高高的个子，身体十分壮实，头上戴着一顶大红冠子，身上穿的那身金黄袍子，在阳光下闪闪发亮。它尾巴长长的，走起路来微微摆动，像个挺胸昂首的武士，实在惹人喜爱。

我爱金黄公鸡，爱看它啼鸣的姿势。它先瞪圆眼睛，脖子慢慢地伸长，最后昂起头来，便发出高亢悦耳的声音。这声音，送走黑暗，迎来光明；这声音，唤醒人们开始一天的生活。

我爱金黄公鸡，还因为它有一种可贵的精神。一个星期天，我去鸡栏前看它。只见它低着头正在觅食，一会儿用爪刨着地，一会儿又用嘴啄。它刨出一条小虫，先是衔起，可是没有吃下去，接着又放下来，嘴里发出"咕咕咕"的声音，别的母鸡闻声都跑了过来，于是金黄公鸡把小虫衔到一只母鸡跟前放下，母鸡便一口吞了下去。这时，我高兴得拍着手喊道："哎！公鸡也懂得先人后己啊！"

春节前，爸爸要杀这只金黄公鸡，我赶快抱住它。我摸着它那金黄的羽毛，眼里浸出了泪水。爸爸说："既然你这么爱它，那就留下吧！"我一听，高兴得笑了，泪珠从脸上滚了下来。从此，我更爱这只金黄公鸡了。

现在，金黄公鸡和往常一样，每天都要催我早早起床，去迎接新的一天。

写法评点：在文章的一开头，小作者就开门见山地说出了要写的家禽的名称和自己对公鸡的感情，接下来具体地描述了"我"为什么特别喜欢那一只公鸡？因为它有可爱的形象，它用高亢悦耳的啼鸣唤醒人们开始一天的生活，它有一种先人后己的可贵精神。理由写得层层深入，具体充分。由于观察细致，因而能形象地写出公鸡的特点，写出公鸡和人们的关系，真实可信。

在描写植物的文章中，第一步先分部分地把一种花草树木的形状、颜色、气味等方面的特点描述出来；第二步把花草树木的精神特点写出来，充分展开联想和想象，以歌颂某种高尚品质或情操。

高分佳作

牵牛花

春天，我在院子里的墙角下种了几株牵牛花。在我的精心培育下，发芽了。

牵牛花把我家的那一片小地方点缀得格外美丽。秋风拂过，爬满篱笆的绿叶托着牵牛花在微风中轻轻抖动，就像一群群的花蝴蝶扑打着翅膀，翩翩起舞，非常好看。

牵牛花还没开花前，刚长出的叶子是绿色的，而且绿得很，像一块块碧玉，像一块块翡翠，让人看了心醉。叶子越长越大，藤越长越长。它顺着篱笆往上攀，藤要是没有缠着篱笆，不几天就枯萎了。

没过几个月，牵牛花不知不觉地开花了。牵牛花每天清晨伴着太阳开放。花儿有红色的、有紫色的、有粉色的，就像一个个小喇叭，它们好像告诉我：金色的秋天来到了！太阳落山了，牵牛花也凋谢了。第二天早晨，又有一批新的牵牛花伴着太阳开放，像温柔的小精灵一样，在上面跳跃着，闪烁着迷离的光点。

深秋，牵牛花全部开完了，叶子也枯黄了。这时，它的茎上长出一个个像含苞待放的花骨朵一样的东西。那里面孕育着新的生命——种子。

西北风呼呼地刮着，蒙蒙细雨连绵不断地下着。"花骨朵"的外壳裂开了，黑色的种子随风撒落在湿润的泥土里。寒冷的冬天过去后，春天来临，它又会破土而出。待到秋天的季节，美丽的牵牛花又与我见面了。小小的牵牛花不像牡丹那样需要人们精心侍弄，只要种子落在土里就能生长，给人们带来美的享受。牵牛花虽然娇小单薄，但生命力很顽强。

我赞美你——牵牛花。

佳作评点：本文按照牵牛花的生长顺序描写了牵牛花的特点。写的条理清楚、层次分明。写牵牛花儿，巧妙地运用的比喻、拟人等修辞手法，使文章充满了情趣。比如写花儿，"牵牛花在微风中轻轻抖动，就像一群群的花蝴蝶扑打着翅膀，翩翩起舞"，"新的牵牛花伴着太阳开放，像温柔的小精灵一样，在上面跳跃着，闪烁着迷离的光点。"这儿不仅写出了牵牛花的情态，而且写出了牵牛花儿的精神面貌。结尾的抒情之笔，收束全文，深化了文章的主题。

在描写一般物品的文章中，重在对物品本身的形状、颜色、构造、用途等方面的描述。在这方面要注意三点：一是描述任何物品时，都要做到条理清楚；二是把重点部分或部位描写具体，这样才能使读者更好地了解物品；三是描写物品的时候可以采用比喻、拟人等修辞手法，力求生动有趣。

高分佳作

文具盒

记得在我十岁的生日那天，爸爸送给了我一个精致而又美丽大方的文具盒。

一见到它，首先映入眼帘的是盒盖上印着的两匹骏马，一匹是枣红色的，一匹是青白色的，枣红马前蹄蹬起，后腿弯成弓形，好像要凌空飞舞；那匹青白色的呢，则回头微笑，好像在和它身边低飞的小鸟嬉闹。就在这两匹马的脚下，开放着无数朵小野花，构成了一张小花床。看着这些鲜艳的小花，我仿佛闻到了浓郁的花香。

打开装有吸铁石的盒盖，就可看到盒内的构造。盒内分上下两层。上面一层摆着一支金光闪闪的钢笔，还排着三支削好了的彩色铅笔。掀开了上层的活动板，便可领略下层的"风光"了。边上的格子里躺着一把粉色的塑料直尺，靠近它的"屋子"里睡着一把小刀。更大些的长条"卧室"里，"大苞米"和"小花瓶"谈得正热乎。在一个角落里，还藏着一块淡黄的小橡皮，上面画着的小海豚顶着皮球玩得正有趣。它们白天辛勤地为我服务，晚上，又和我一起进入梦乡。

别看我的文具盒平时一言不发，到了用它的时候还挺热心呢！把文具盒一打开，钢笔马上蹦出来，帮我把作业写得工工整整；当我画格时，直尺便会给我铺出一条笔直的道路，让我把线画得又直又长；当我把作文标题写错的时候，橡皮便会自告奋勇，帮我擦去……

我的成长是老师的培育。而文具盒则给我提供了很大的帮助。文具盒，我代表我的文具感谢你，我告诉你，我爱你、赞美你。让我们来呼唤所有的小朋友都来爱你、赞美你吧！

佳作评点：文章的写作很有特色：

本文的小作者采用了拟人化的手法，描述了一个文具盒的特点。在描写外形时，小作者展开了联想和想象，把静态的文具盒上的画写活了——"两匹骏马，一匹是枣红色的，一匹是青白色的，枣红马前蹄蹬起，后腿弯成弓形，好像要凌空飞舞；那匹青白色的呢，则回头微笑，好像在和它身边低飞的小鸟嬉闹。就在这两匹马的脚下，开放着无数朵小野花，构成了一张小花床。看着这些鲜艳的小花，我仿佛闻到了浓郁的花香。"使人有身临其境之感。

条理十分清楚：开头先介绍名称和来历，是略写；接下来具体描述了外形、构造、作用等，是详写；最后的结尾，抒发感情，赞美物品，是略写。既呼应了开头，又点明了主题。

我们通常描绘事物特征的方法有白描、联想和比拟三种。白描是对物品的形状、大小、颜色、新旧程度、功用等作直接的细致刻画；联想是见物思人、见物忆事、联想物品的来历以及有关的故事等；比拟即见物抒情，用恰当的拟人和比喻的手法，表达自己对物品的特殊情感。

下面这篇佳作，综合运用了多种方法，白描、比拟、联想都用上了，写得很成功。小朋友们读后肯定会受到启发的。

高分佳作

高大的梧桐树

在我们学校的南边，有一排高大挺拔的梧桐树。

好高大的梧桐树啊，我们三个同学手拉手才能把它抱住；好茂盛的梧桐树啊，一排排树伸展着枝叶，形成一条林荫道。梧桐树的叶子大大的，像巴掌。一层层、一串串长得密密麻麻，像千手观音，又像一顶顶巨大的绿绒大伞。

春天，那些梧桐树开始发芽了，碧绿的新芽像一朵朵绿色的小花。树干是那么粗那么直，树顶那么高，树干好像脱了一层皮，被太阳照，那银白色闪着小点儿金色。你走到梧桐树旁，它好像在说："同学们，春天来了！快迎接春姑娘吧！"

夏天，暴烈的太阳当头照。有了梧桐树，烈日就只能投下星星点点的光斑，这些光斑有的像老虎，有的像一朵云，有的像蜘蛛……我们在梧桐树下看这些光斑，觉得又有趣、又凉爽。

秋天，梧桐树结了许多梧桐果，圆圆的果上还有小刺儿，像一个个桂圆。金黄色的叶子衬着棕色的小果，好看极了。

冬天，北风呼呼地刮着，梧桐树落叶了。枯黄的叶子，打着旋儿，不断地飘落，像一只只金黄色的蝴蝶，在北风中飞舞。地上也铺了一层又一层。这时候，我们就把树叶扫到一起，堆放在墙脚下。开营火晚会的时候，同学们点燃了一堆堆树叶。轻烟袅袅，褐红色的火苗窜了起来。飘舞的轻烟和跳动着的火苗，映在我们的笑脸上，引起了我们的沉思：梧桐树啊，梧桐树，你给了我们多少快乐，多少期望！你曾经给我们报春，你曾经给我们遮阳；现在你又燃烧自己，给我们快乐和温暖。

多么高大的梧桐树啊！你牺牲了自己，却给了别人快乐方便！你的精神，永远在我们心里，像一颗种子生根、发芽。

佳作评点：本文的小作者在认真观察的基础上，按照一年四季春夏秋冬的顺序，分别描写了梧桐树的特点。在描述的过程中，巧妙地运用了比喻、拟人等修辞手法，把梧桐树写得生动、活泼、有趣。你看，那"枯黄的叶子，打着旋儿，不断地飘落，像一只只金黄色的蝴蝶，在北风中飞舞。"再瞧，"梧桐树的叶子大大的，像巴掌。一层层、一串串长得密密麻麻，像千手观音，又像一顶顶巨大的绿绒大伞。"描写得是多么富有情趣啊！这样文章一定能得高分！

10. 状物作文写法指导

所谓状物作文，就是对某种物体的描摹和介绍。如果按内容分，可以分为植物的、动物的、建筑物的、器物的（如生活用品、学习用品）等等；如果按写作形式来分，可以分为两种，一是以记叙为主，二是以说明为主。状物可以帮助提高语言文字的表达能力、观察和认识事物的能力。如何写好状物的作文呢？

观察是获得状物作文材料的最重要的途径

观察，就是看，仔细地看。外界物体反映到我们眼睛里，还只是大略的形象。如果不仔细看，不研究，也就倏忽而过，不会留下深刻的印象，更不用说产生写作冲动，而想办法把物的"情影"留下来，成为写作的素材。要使读者对描摹的对象产生深刻印象，就要写出对象的外在和内在特点来。我们生活的这个世界是绚丽多彩的，各种事物也都有各自特点，这些特点，有的是物体本身就具备的，我们只要

通过语言把它如实地反映出来，比如水是流动的，糖是甜的；有的则是写作者从自己主观情感出发，强加于物体的，比如用"挺且直"来形容大雪中的青松，从而表现作者对不向压力屈服、在恶劣的环境中坚忍不拔的精神的赞美。状物文就是要写出各种物体之间的这种种不同来。准确地把握物体的外部特点，仔细观察十分重要。观察物体有一定的顺序，从上到下、从左到右、从前到后、从整体到局部、从形状到色彩，观察没有一定之规，关键在于掌握物体的特点。抓物体的特点可以从以下几个方面着手：

一是看物体的形状，长短、方圆、肥瘦、大小等；

二是看物体的颜色，赤、橙、黄、绿、青、蓝、紫，各有不同；

三是看物体的质地，粗糙、细密、坚硬、柔软等；

四是看物体的数量，一个、两个、一条、两条等；

五是看物体的功能用途。如果是动物，还可以通过它的生活习性来说明。

要对物体分析比较，找出其特征

一个事物与另一个事物之所以不同，就是因为它们有不同的物征，抓住了它，你才能真正地了解事物并正确地描写出来，德国大诗人歌德说过："不要说现实生活没有诗意。诗人的本领，正在于他有足够的智慧能从常见的平常事物中看出引人入胜的一个侧面。"这里的

"一个侧面"就是事物的特征不同的物有不同的特征。不同类的物，特征区别当然是很大的。同一类的物，各自的特征也是有区别的。比如说，你要介绍"家猫"，你就要抓住家猫的特征。家猫的特征与狗不同，与兔子不同，即使与野猫相比也有很大的区别。家猫的特征是会捕老鼠，性子温顺，爱亲近人。把这些特征写清楚，即便文章不点明是写家猫，读者也不会领会错。再比如说，你要写自己饲养的一只小花猫，那你不但要写清楚这只小花猫与一般小狗、小兔的区别，更要写出与一般家猫的区别，要写出与众不同的特征，即区别于一般家猫的地方。只有这样，才能达到为你的小花猫"立传"的目的。

物的特征主要有外形特征、功能特征和情态特征等。外形特征显著的，如"棱皮龟"，它的外形特征，一是大，是龟中的最大个；二是没有坚甲硬壳，而是裹着一层厚皮，所以又叫"革龟"。这两点外形特征就把棱皮龟与一般的龟区别开来了。功能特征，就是物的作用，物具备的某些能力、本领等。功能特征明显的，如，大象的鼻子，它的功能特征，是其他动物的鼻子无法匹敌的。把这些功能特征写清楚，象鼻子与其他动物的鼻子的区别，就一目了然了。情态特征，主要是物对人的感情，或人对物的观感。情态特征明显的，如家猫对人的亲近、温驯，大熊猫的憨态可掬，小花狗的善解人意等，都是有别于一般动物的情态特征。

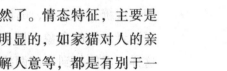

抓物的特征，这三个方面的特征可以在一篇文章中都出现，也可以抓一两个方面来写。

整体勾勒与细部刻画相结合

勾勒，勾，就是画出轮廓；勒，就是刻，刻画。状物说明文，首先，要求把物的大体形象轮廓刻画出来，给读者以大致印象。

要做到准确勾勒，必须把握住整体。任何一个物都是由各个部分组成的。这时，要求我们应从大处着眼。急于盯住某些细部，"只见树木，不见森林"，"顾此失彼"，读者对介绍的物的印象肯定是支离破碎，不会有整体感的。比如，一个文具盒，它由盒体、盖子、垫板、衬格、插销、磁性搭扣等构成。如果要介绍它，应该首先告诉读者这文具盒的大致形状、大小、总体色彩等等。再如，一头水牛，它有头、颈、背、腹、尾巴、四肢，头上有角、眼、鼻、口、耳等等。你首先应该告诉读者的是这头水牛的体态大小，这头水牛的头、颈、腹、背的形态特点，而不是头部的五官位置等等。总之，必须让读者获得的第一印象是你所介绍的物的整体形象。

状物文章在交代了物的一般形状、特征后，特别要注意细部的刻画。因为一般形状和特征，只能给读者以大体印象。这种状物文章一般适用于写某一类的物，比如说，笼统地介绍某一种动物，如家猫、鲨鱼、马等等。即使是介绍某一类物，有时也不乏作细部的刻画描写。如果写具体的某一物时，就必须在细部刻画上下功夫，只有细部刻画，才能给人以深刻印象。

怎样作好细部刻画呢？毫无疑问，首先，要对物作细致的观察，对物的细部有充分的了解。其次，要抓准。因为，所谓细部就是我们要描述的物的细小部分。而物的细小部分是很多很多的。如果不分巨细，统统写在文章，那肯定是不得要领，起不到说明的效果，不能加深读者对物的印象。因此，细部刻画，就要抓最传神的细部来描述，这样，就能起到"四两拨千斤"的作用，收到事半功倍的效果。

给文章注入感情

古人云："假物以托心。"你之所以要写这个事物，就是因为你喜欢它，或者不喜欢它，这就是你的情感。状物作文与说明文的不同，就在于作文里充满了作者的思想感情，并不是枯燥无味的客观描写。"登山则情满于山，观海则意溢于海"，就把你的这种感情流注笔端，融进字里行间，使得所写的事物不只是你看到的事物，而是你心中的事物，事物仿佛有了生命，不光是实实在在的东西，而是一个愿望，一个理想，这样就能打动读者，和你产生共鸣。一般状物的作文通过借物寄情和托物言志来表达思想感情。

借物寄情，一般来说，在文章中详细地状写一种事物，总是有言在物外的用意的，最常见的就是借物寄情。这就是寄托、寄寓之意。因此，表达时往往会含蓄一些，多是将物的某一属性强调一下或故意渲染一下。如古人常借月来表达对亲人、故乡的思念，他们把月亮描写成清冷的，忧伤的，孤独的，它高在中天，同时映照着相思而又在异地的亲人。古人对月亮这样看，这样写，显然是把无限的思念托付在凄清的月光里了。也许有同学会说，"那太阳也高在中天，也同时照耀着相思而在异地的亲人呀，干吗不写太阳呢?"这其实点到了写借物寄情类文章的关键，那就是所借之物必须与你要表达的某种感情有联系，即这件物的某一属性要与所抒之情合拍、默契。月亮幽幽的白光、阴晴圆缺的规律以及日日挂在寂静的夜空，这些特点与深切静谧的思绪太合拍了，而太阳火热的外表和灿烂的容颜则不适于表达那种悠长的思念。正如我们不会说：这人性子真急，像水似的；而说，这人脾气像团火。

托物言志是人们在表达自己志向时常用的手段，比如红领巾宣誓时握紧了拳头，高举在肩头："红领巾是红旗的一角，我们要让红旗永远鲜红，永远不倒!"这儿是借着永远高举的红旗来表明为共产主义事业奋斗到底的决心。但更多的是在文章中着力地描写某物，尤其突出这一事物可以生发出较大意义的属性，借以言明自己的一种志向。选择什么物来描写才能更好地表明自己的心迹，这是写好这类托物言志的文章的关键，下笔前一定要先理顺思路：比如，我要写的这件物外形特点有哪些可以夸张或描述的；内在特点又有什么可以生发的；与我要表明的某种志向在哪方面可以联系等等，然后再写就不会卡壳，而是丝丝入扣了。

要多用恰当的修辞方法来写

修辞运用得当，文章就更有韵味。我们可以运用比喻、拟人、夸张等手法，使写作对象更加形象生动，使读者感受更深刻。

综上所述，写状物作文的诀窍实际上可以概括为几句话：留心周围的事物，仔细观察，抓住其特点，按一定的顺序来写作，再配合恰当修辞的运用，并抒发自己的真情实感。做到了这些，你所写的就是一篇成功的状物作文。

11. 怎样写好状物记叙文

这里所说的"状"是陈述、描摹的意思，"状物"，就是描绘事物。状物的记叙文，也不是为状物而状物。而是托物言志或托物抒情，就是通过描述某物，来表明作者的某种思想、某种感情。这类文章的特点在于把比较抽象的思想感情寄托于具体、形象的事物当中，文中既有对所寄托事物的具体描述，又有对所寓之理和情的充分阐发。

托物言志型的记叙文有两种常见的方法：一是联想，二是象征。这两种方法有时通篇使用，有时点到为止。例如：《荔枝蜜》一文，通篇主要写的是蜜的酿造者——蜜蜂，通过写自己对蜜蜂在感情上的变化，赞美了蜜蜂"对人无所求，给人的却是极好的东西"的高尚品质。然而，"醉翁之意不在酒"，赞美蜜蜂还不是作者的最终目的。在文章的倒数第二个自然段，笔锋一转，用了两句话写水田里耕作的农民，并运用联想的方式点到文章的主题："他们正用劳动建设自己的生活，实际也是在酿蜜——为自己，为别人，也为后世子孙酿造生活的蜜。"

《白杨礼赞》一文写法则有所不同，通篇运用了象征手法，以黄土高原上"极普通"而又"实在不平凡"的白杨树，象征北方的农民。文章首先用生动形象的笔触，极力描绘了西北的白杨树，赞美了它的力争上游、倔强挺立和伟岸、正直、质朴、严肃的特征；然后层层深入地揭示了白杨的象征意义，点明了文章的主题。

写这一类记叙文应注意以下几个问题：

要抓住所状之物与所要表述的思想感情之间的"交叉点"，即确定他们之间相似、相通或相关的内容。例如：《荔枝蜜》中蜜蜂与农民在勤劳、无私方面的相似点；《白杨礼赞》中白杨树与北方农民在力争上游、倔强挺立方面的相似点。

要把"物"状好。这是写好状物的记叙文的基础，没有了这一基础，作者要表达的思想或感情都无以寄托。对物的描绘要真实、准确，要重点突出，要与文中所寓之理、所抒之情互相呼应。

在动笔之前要认真构思、立意。特别应注意立意要新，避免老生常谈，比如《蜡烛颂》、《蜜蜂颂》这类话题，就很难再写出新意。要想写出新意，就要在生活中经常细致观察和勤于思考。

12．跟着名家学"状物"

郭沫若《石榴》第三至五段：

最可爱的是它的花，那对于炎阳的直射毫不避易的深红色的花。单瓣的已够陆离，双瓣的更为华贵，那可不是夏季的心脏吗？

单那小茄形的骨朵已经就是一种奇迹了。你看它逐步渐翻红，逐渐从顶端整裂为四瓣，任你用怎样犀利的劈刀也都劈不出那样的匀称，可是谁用红玛瑙琢成了那样多的花瓶儿，而且还精巧地插上了花？

单瓣的花虽没有双瓣者的豪华，但它却更有一段妙幻的演艺，红玛瑙的花瓶儿由希腊式的安普剌变为中国式的金罍，殷、周时古味盎然的一种青铜器。博古家所命名的各种锈彩，它都是具备的。

技巧学习：抓住特征，形象逼真
郭沫若的优美散文《石榴》托物言志，语言凝练，立意深刻。
选文描写石榴花的特征，突出其形态美、精神美及其成长演变的过程。

"最可爱"领起全段，"深红色的"以色彩鲜艳动人，单瓣的"陆离"以色彩繁杂可人，双瓣的"华贵"以华丽珍贵悦人。而"对于炎阳的直射毫不避易"则突现石榴花敢于同骄阳抗争的精神美。"那可不是夏季的心脏吗？"反问、比喻兼用，突现石榴是夏天的中心。

骨朵翻红，四瓣匀称，堪称"奇迹"。

由"红玛瑙的花瓶儿"到"希腊式的安普剌"，再到"中国式的金罍"，果实进一步成长，用"锈彩"比喻石榴果实表皮的斑纹，语言形象生动、准确凝练，生动逼真地展现了"一段妙幻的演艺"。

刘湛秋《雨的四季》第二段：

> 春天，树叶开始闪出黄青，花苞轻轻地在风中摆动，似乎还带着一种冬天的昏黄。可是只要经过一场春雨的洗淋，那种颜色和神态是难以想像的。每一棵树仿佛都睁开特别明亮的眼睛，树枝的手臂也顿时柔软了，而那萌发的叶子，简直就起伏着一层绿茵茵的波浪。水珠子从花苞里滴下来，比少女的眼泪还娇媚。半空中似乎总挂着透明的水雾的丝帘，牵动着阳光的彩棱镜。这时，整个大地是美丽的，小草似乎像复苏的蚯蚓一样翻动，发出一种春天才能听到的沙沙声。呼吸变得畅快，空气里像有无数芳甜的果子，在诱惑着鼻子和嘴唇。真的，只有这一场雨，才完全驱走了冬天，才使世界改变了姿容。

技巧学习：巧用修辞来状物

刘湛秋的写景抒情散文《雨的四季》，笔调清新自然、饱含深情、充满爱意，为我们描述了四季的不同雨景，展现了四幅鲜活的画面。

这里选取的是第一幅——春雨图。"情"是散文的灵魂。作者对春雨的喜爱之情溢于言表。春雨柔软了树枝的手臂；让叶子起伏着波浪，让水雾的丝帘牵动着彩棱镜；让小草发出沙沙声……从侧面描绘，充分调动多种感官，从视觉到听觉再到嗅觉，写出了春雨的娇美轻柔。

该段运用了比喻、拟人等修辞手法，如"水珠子从花苞里滴下来，比少女的眼泪还娇媚。""小草像复苏的蚯蚓一样翻动，……"水珠的娇媚，小草的萌动被描写得活灵活现，增强了生动性和感染力。

13. 写景和状物的区别

在语文课堂教学中，"写景"和"状物"是两个很容易区分的概念。简言之，所谓"写景"，即是对自然或社会之景进行描绘，从而抒发作者的思想感情；所谓"状物"，即是对自然或社会之物进行描摹，从而抒发作者的思想感情。

可问题也因此而生。"写景"和"状物"的区别真的仅仅在于一为"景"，一为"物"吗？

其实不然。二者的真正不同，并非在于"景"与"物"的分别，而是在于抒发作者的思想感情的差异。确切点说，"写景"所抒之"情"，乃狭义之"情"，亦人之喜怒哀乐者也；而"状物"所抒之"情"，却为广义之"情"，不啻喜怒哀乐等人之常情，也涵括人之理想、抱负乃至自然、社会之理也。

王国维先生说，"一切景语皆情语"。此话恰恰道出了写景的真谛。自然或社会之景虽然千差万别，但归根结底，终离不开一个"情"字。从审美的角度来说，无情便无景，有情一切皆为景。心中美了，处处皆是美景；心中苦了，便会如李煜一般发出"春花秋月何时了"的悲叹。换言之，就"写景"来说，"景"与"情"的结合方式，虽有"触景生情"、"借景抒情"、"情景交融"等诸多说法，但一言以蔽之，"写景"的终极目的就是为了抒发作者心中的喜怒哀乐之情。

虽然王国维先生在他的《人间词话》中提出了著名的"有我之境"与"无我之境"之说，可从"写景"的角度来看，那也只是道出了"景"与"情"的结合方式的不同。杜甫的诗句"感时花溅泪，恨别鸟惊心"，触景生情，乃"有我之境"；陶渊明的诗句"采菊东篱下，悠然见南山"，情景交融，乃"无我之境"；可"有我"也好、"无我"也罢，终不外乎抒发了作者的大悲大喜之情。

"状物"却不尽然。说"不尽然"，乃是因为"状物"与"写景"确有相通相同之处。举例说吧，郑振铎先生的散文名篇《海燕》，即是通过对"小燕子"这一个自然之"物"的描摹，抒发了作者心中"如轻烟似的乡愁"之情。仅从这一点来看，"状物"和"写景"也并无二致，只不过一个是"借物抒情"一个是"借景抒情"罢了。

但"状物"绝不仅仅与"写景"一样只是抒发人的喜怒哀乐之情。甚至，从某种意义上说，抒发人的喜怒哀乐之情只是"状物"的一种很次要的功能。"状物"的主要功能，应该在于"言志"，还有"喻理"。

还是举例说明吧。大家都知道，古诗中有"写景诗"和"咏物诗"之说。此二者与"写景"和"状物"二者极为类同。"写景诗"者何干？抒发人之常情也。如苏东坡的那首《饮湖上初晴后雨》："水光潋滟晴方好，山色空濛雨亦奇。欲把西湖比西子，淡妆浓抹总相宜。"该诗通篇写西湖美妙之景，而作者对西湖的热爱和赞美之情于景中油然而生。

再如杜牧的那首《山行》："远上寒山石径斜，白云深处有人家。停车坐爱枫林晚，霜叶红于二月花。"此诗也通篇写景，而"坐爱"一句便道出作者心中之情自在景中也。

"咏物诗"显然不同。毛泽东同志于1906年所写的那首《咏蛙》诗就是明证。诗曰："独坐池塘如虎踞，绿杨树下养精神。春来我不先开口，哪个虫儿敢做声？"该诗表面上看是在咏蛙，而实则是在咏他自己，咏其心腹中那一股难以掩饰的博大高远之志（言志）。再如唐初虞世南的那首名诗《蝉》："垂緌饮清露，流响出疏桐。居高声自远，非是借秋风。"此诗名为咏蝉，实也是借蝉"居高声自远"之态道出了人生中的一种哲理（喻理）。

真正明白了"写景诗"与"咏物诗"在抒发作者思想感情方面的分别，也就大略明白了"写景"与"状物"二者间的实质不同。虽"写景"、"状物"与"写景诗"、"状物诗"之间尚不能完全等同，但本质无异。谨记。

然而，如果换个角度，从辩证法的角度来看，"写景"和"状物"又实在难以区分得那么清楚。兹提出两点，供大家研讨。

"景"与"物"本身就是互相关联的，实难截然分开。说到底，究竟何谓"景"又何谓"物"？一块石头，应该为"物"，可如果把这块石头置于一片草地之上，那这块石头还是单纯的"物"吗？卞之琳先生的那首《断章》说得好："你站在桥上看风景，看风景的人在楼上看你；明月装饰了你的窗子，你装饰了别人的梦。"该诗中，"你"应该是一个"物"，可在"看风景的人"眼里，"你"也就变成了"风景"之一了。再如郑振铎的那篇《海燕》，"燕子"本身自然是"物"，可当燕子飞翔于烂漫的春景之中或绝美的海天之间，那"燕子"不也就成为了人们眼眸中的一"景"了吗？如此看来，"景"与"物"的关系实在是有些含混不清的。

写景诚然是为了抒发人之常情，但任何事情都会有例外。至少，并非所有的作者笔下的"景"都是用来抒发喜怒哀乐之情的。像王维的名诗《送元二使安西》："渭城朝雨浥轻尘，客舍青青柳色新。劝君更进一杯酒，西出阳关无故人。"该诗前二句的写景，很明显是为后二句的抒情服务的，借自然清新之景，抒难舍难分之情。这是典型的借景抒情之范例，唐诗宋词中可谓比比皆是。但有的时候，"景"也可以用来阐发自然或社会之理的。如王之涣的那首名作《登鹳雀楼》："白日依山尽，黄河入海流，欲穷千里目，更上一层楼。"此诗的前二句应该是标准的写景，而后二句却并非抒发人之常情，实乃借景喻理者也，此不也可乎？唯数量多寡耳。

14. 怎样阅读状物类文章

状物就是把事物的形状、颜色性能等特点用生动、形象的语言描述出来，这里说的"状物文"指的是侧重于状物的文章。

阅读这类文章，我们要弄清它在结构上有哪些突出的特点。

弄清描写顺序，把握整体印象

"状物"要言之有物，还要言之有序。状物文的写作顺序，或者是按从概括到具体顺序写；或按从整体到部分顺序写；或者是按总—分—总的顺序写。写静物一般按样子、结构、用途的顺序，写动物一般按外形、动态、习性的顺序，写植物一般按形状、颜色、滋味的顺序，弄清了写作顺序，就可以很快地把握文章的内容，加深理解。

抓住事物特点，理解写作目的

状物的文章，总是通过对个体形象的描述，突出物体的特点，表达思想感情，达到写作目的。这就是常说的托物寄情、托物喻理或托物言志。

我们阅读时，就要透过表面现象去分析作者的写作意图，体味作者喻什么理，寄什么情。

分析文章结构，理清文章层次

在文章结构方面，这类文章通常采用按事物不同方面的特点来安排材料的方法。

例如：《世纪宝鼎》一课就描写了宝鼎的构造特点和艺术价值，我们按这些给文章分段。

总而言之，我们在阅读文章时，要根据事物的特点展开联想，体会作者借这个物体所表达的感情。

15. 阅读体会状物文章的魅力

状物，就是把事物的形状、颜色、性能等特点用生动的文字陈述和描摹出来。一般来说，状物文章善于以物喻理。"状物文"一般可分为"状静物文"、"状动物文"和"状植物文"。阅读状物类文章要注意以下几点：

要抓住事物的特点

"状静物文"一般指描写工艺品、玩具、文具等属于静物的记叙文，读后你要对它们的形状、大小、颜色、构造、用途等有较详细的了解，有特色的地方不妨多读几遍。

阅读"状动物文"要对动物的特点要形成一个记忆，尤其是动物的外形、动作、生活习性，是阅读时需要特殊注意的，因为它最能表现动物的特点。

阅读"状植物文"要了解植物的茎、叶子是什么样的。开了花，花的颜色、样子，重点了解形、色、味有什么特点，了解作者是按什么顺序"状物"的，借鉴写作方法。

抓住物的内、外在特点展开想象

物的内在特点是指物的品质、内涵与现实生活中与人相似的思想、气质、境界。物的外在特点是指物的形状、颜色、大小、数量、声音质地、静态、动态、变化等。

状物中的想象，是在具体描述所状物时，借用想象的手法，把景物再显得真实新奇。用推想、联想、幻想等方式来推想"物"的发展、变化的可能性。联想"物"在其他地方、时间、环境的可能形象，幻想所状"物"的未来形象。阅读时要思考作者的想象是否自然，易于接受。

体会作者的写作目的和所表达的思想感情

作者描写自己喜欢的事物其目的不在于状物，而是要通过状物来表达自己的一种思想感情，使读者受到感染，引起共鸣。通常有以下几种情况：

咏物寄志。作者通过对自然景物的具体描绘，寄托自己强烈的愿望、崇高的理想和高尚的情操。

状物抒情。作者通过对自然景物特征的细致具体的描绘，抒发自己强烈的感受和真挚的感情。

托物寓意。作者通过自然景物的具体描绘，寄予深沉的思想和深刻的哲理，表达自己对生活的独到的理解和认识。

作者在状物时，总会流露出某种思想感情，或喜爱，或厌恶，或赞美，或憎恨，我们在阅读时应准确把握作者的真情实感。

体会修辞手法的多重运用

作者为了把事物的特点写出来，表明自己的态度，往往多种修辞手法并用，比喻、拟人、排比、引用、设问、反问、反复等交织在一起，以增强文章的感染力。我们在阅读时应细细体味，好好揣摩。

在阅读状物类的文章时，我们还要学会想象，仿佛自己就在这幅画中，让眼前的画面动起来，透过字里行间体会作者的感情，得到美的熏陶。

品读文章，积累文中优美词句

对于优秀文章，无论是遣词造句，还是布局谋篇，都值得我们学习。我们要多读几篇，积累其中的优美词句和精彩语段，丰富自己的语言储备，在平时的说话和写作中活学活用。

总而言之，我们在阅读这类文章时，要根据事物的特点展开联想，体会作者借这个物体所表达的感情。

16. 状物类记叙文阅读指导

散文《白杨礼赞》有句：

白杨树，西北极普通的一种树，然而实在是不平凡的一种树。

思考：你认为，白杨树的不平凡表现在什么地方？

生存环境：无边无垠、坦荡如砥

（景美但是单调，有了白杨树，景才更美。这是衬托的手法）

外形特征：干，笔直；枝，靠拢；叶，向上；色，光泽

总看外形特称：笔直、旺盛

内在气质：伟岸、正直、质朴、严肃、温和、坚强不屈、挺拔

总括内在气质：坚强、有斗争精神

与楠木对比：突出白杨树质朴，高声赞美

作者通过对白杨树不平凡的形象的赞美，表达了怎样的思想感情？

通过对白杨树不平凡的形象、气质的赞美，歌颂了中国共产党领导下的抗日军民和整个中华民族紧密团结、力求上进、坚强不屈的革命精神和斗争意志。

由树及人，借物抒情

你能看出"树"与"情"之间的联系吗？

如：《陋室铭》中"陋室"不陋，"唯吾德馨"，表达了一种淡泊名利、崇尚高雅、安贫乐道的情趣。

借物抒情

《荔枝蜜》中通过对荔枝蜜香甜和蜜蜂无私奉献的赞美，讴歌社会主义新生活，讴歌为它付出辛勤劳动的普通劳动者，并表达自己愿意成为一名为新生活献身的普通劳动者的愿望。

《我的空中楼阁》中的山上的小屋，表达了作者对那种平淡、安静、祥和的生活的一种向往。

同学们能不能从中概括出一些状物类散文的阅读方法？

归纳：阅读方法

状物文章要看清，

写什么物言什么情，
透过现象看本质，
透过本质看感情，
若问状物干什么，
托物抒情表声心。

17. 好状物文佳作欣赏

我家的小狗狗

我家的小狗不仅调皮，而且很富有音乐感。一天，我闲着没事干，便放起了音乐。谁知，小狗听到后，骨头也不啃了，马上向录音机走来，我猜测可能是小狗发现那音乐是从录音机传出来的了。小狗在录音机旁蹲下，一边听音乐，一边随着音乐的节奏把尾巴摇过来摇过去，真像个小小音乐家在指挥着乐队……小狗特别爱吃饼干，我借此机会，把小狗当鱼钓，我先拿出一根细长的竹子，接着用一根线系在竹子的一头，再用一块牛奶拉花饼干晃过来晃过去，弄得小狗眼花缭乱，我突然停止摇晃，把饼干吊在小狗面前，小狗立即缓过神来，向饼干扑去，我又把饼干移到小狗身后，让它扑了个空。就这样持续了好几分钟。小狗假装"败退"，我也随即放松了警惕，谁知小狗迅速转过身来咬饼干，幸亏我反应快，小狗只咬到线。我想拉回线，便使劲拉，可我越使劲，小狗拉得越紧，我心里想：看来不能强攻，只能智取。我停止了"进攻"，小狗以为我投降了，便美滋滋地准备享用饼干，我趁这个机会，用力一拉，饼干又回到了我手中……这就是我家调皮的小狗，你喜欢吗？

会旋转的小汽车

我迫不及待地拿起来就玩，把它放在地上，再用力往后一拉，只听"嗖"的一声就窜到了墙边，可它不会转弯，就一直往前冲，结果就"咚"的一下撞到了墙上。爸爸看见了说："你把外壳去掉，它就能旋转了。"听了爸爸的话，我就把汽车的外壳去掉试了起来。我还是按原来的方法又往后一拉，它就飞快地向前冲去，当它一头撞到墙上后，立即转头，在原地打起转来，简直就像一个喝醉酒的人，不知往哪去，边转边发出"滋滋"的响声。好像在说，别挡我，别挡我。后来，我发现无论它碰到什么障碍物都像这样在原地打转，还发出响声。真有意思！

九月桂花香

秋天到了，校园里的桂花也竞相开放了，刚走到校门口，就能闻到阵阵花香。

桂花的根十分粗壮，深深地扎在泥土里面。每个大的枝干上又长出了许多小的枝干，枝干上长满了叶子，叶子在阳光的照耀下油亮油亮的，更显得青翠欲滴了。叶子是椭圆形的，头上微微有些翘起，叶脉能看的十分清楚。在桂花树上长了许多密密麻麻的小花朵，犹如黄色的珍珠，花朵形状各不相同，有的含苞欲放，有的是个小花骨朵儿，还有的已经绽放了。你看这些花儿一簇簇，一丛丛的，真像几个好朋友呆在一块说悄悄话呢！从远处望，桂花树犹如一顶绿色的大伞，供人们休息乘凉，又像一个巨型的蘑菇生长在草坪上，又如同一个小女孩在翩翩起舞。当我劳累时，会来到树下坐会儿，闻着桂花树清香扑鼻的气味，心旷神怡，仿佛令我把所有烦心事都忘记了，桂花树给我带来了无穷欢乐。

桂花树的用处可多了！可以做桂花糕、桂花酒，还可以泡茶喝呢！

龟蟹之战

我家有一只壳后面和前面都有刺的大乌龟。

一天，我和家人去捉螃蟹。我们捉了八只红色的小螃蟹。回家之后，我赶快把小螃蟹放进了乌龟池里。刚开始，乌龟和螃蟹没有打架。后来，我用牙签叉了一块香喷喷的肉准备给乌龟吃，刚把肉放进乌龟池，八只螃蟹就争先恐后地爬上乌龟的背上抢肉吃。八只螃蟹把乌龟盖得不留一点空隙。乌龟受不了了，只好使出它的绝招——泰山压顶。

乌龟把身子移到池边，把身上的螃蟹摔下去，接着爬上池边，突然纵身一跳，这一跳就把螃蟹压死了一只。螃蟹们见同伴死了，就冲到乌龟那。这时，我不小心把七根牙签弄掉到了乌龟池里。那些螃蟹见天上掉下了"好武器"，就马上去捡"武器"，然后一冲就冲到了乌龟那里，用"武器"打乌龟。乌龟气坏了，一口气打死了一只螃蟹，又打死了一只，还把三只螃蟹的钳子咬断，再把它们的钳子"还"给他们。只剩下两只螃蟹了，乌龟一下子压死了一只，还有一只，那只就是"蟹王"了。它们打了几分钟，还分不出胜败。这时，乌龟突然接近它，用身上的刺把"蟹王"刺死了。

第二章

写作动物好段

1. 睡觉熊猫

熊猫睡觉时，腹部朝天。有时，它用前爪轻轻地拍着肚子，有时，它两腿一蹬，就翻个身。我还以为它睡醒了，其实还在睡。它睡醒了就翻身起来，用爪子揉揉惺忪的眼睛，好奇地望望人们，迈着慢悠悠的步子走到栏杆的另一边，坐了下来，好像想清醒一下头脑似的。

2. 黝黑熊猫

自然界的熊猫，毛色光亮，一身雪白间有几处黝黑的毛色，仿佛是特意设计的。它那竖得圆圆的黑耳朵，像戴着一顶"风雪帽"；猫似的面庞上又戴着一副"墨镜"；四肢穿着黑绒绒的"尖皮靴"；肩披匀称连接的黑"披肩"，真是神气十足，令人瞩目。更吸引人的是熊猫吃竹子，它折下嫩竹，先将竹茎及叶咬下来，攒在嘴巴里，再用爪握住，左一口，右一口，有条不紊地吃着，一束杂乱的竹枝，被咬得刀切一样齐。

3. 可爱的大熊猫

我喜欢许多动物，但我最喜欢的是大熊猫。大熊猫是我国的珍贵动物，它们的故乡在四川。大熊猫的长相很有意思，胖乎乎圆滚滚的，惹人喜爱。它们的头部和身体都是白色的，只有眼圈、耳朵和肩部是黑褐色的。特别是那一对黑黑的眼圈，长在白白的脸上，像是戴着一副"墨镜"，加上那笨拙的动作和走起来东张西望的神情，显得非常可爱。

4. 大熊猫

大熊猫那竖起的圆圆的黑耳朵，像戴一顶"风雪帽"；四肢穿着黑绒的大"皮靴"；肩上披着匀称联结的黑"披肩"，真是神气十足。

5. 熊猫

熊猫喜欢在平坦的地面上悠闲地散步，愉快地玩耍。它有时抬头望望人们，有时却低着头，好像在寻找什么，又像在思索什么。当它高兴的时候，就在地上翻筋斗，像一个大皮球在地上滚动。

6. 猴子

一只猴子老盯着一个抽烟的老人，还不时伸出手来要。

"给！"老人将烟丢给它。它并没有立刻去拿，而是灵活地闪开了，两眼却死死地盯着烟。这时，从后面跳出一只猴子，一把抓住烟，烟正燃着，那只猴子刚碰到就大叫一声，甩掉烟就逃。凄厉的叫声惊得别的猴子也四处逃窜。要是孙悟空在，一定会为猴子猴孙们报仇的。

一只老猴却不惊慌，从假山上爬下来，慢慢向香烟走去。它一伸手抓住不烫的一头。"吱——吱——"别的猴子都叫起来，似乎在说："别拿，别拿，烫手呀！"老猴子却往地上一坐，摇着尾巴，学着那位老人的样子，津津有味地抽起来。它把烟用手指夹住，放在嘴唇中，猛地吸了一口，烟气不时从嘴里喷出来，逗得大家不停地笑。

7. 顽皮的猴子

顽皮的猴子们在追逐、嬉闹。一只红脸的老猴捧着游人扔给它的香蕉，吃得津津有味。一只小猴子看见了，连忙跳过去，老猴可小气啦，向下一蹦，跳得远远的，一口就把半个香蕉吞了下去，然后朝那小猴挤眉弄眼，还得意地在铁链条上走了两回"钢丝"呢！

8. 蹦来跳去的猴子

猴子们在假石山上蹦来跳去，一边玩耍，一边哄闹。这时，有个男孩扔了一颗糖下去，一只调皮的小猴子很快抓住了它，很多猴子围了过去。这小猴儿窜到一座假石山上，十分敏捷地剥去糖纸，嘴巴一张，正想吃糖，不料一只老猴扑了上来，一把抢走了小猴子的糖。小猴很不服气，向老猴追去，老猴子跳到铁链上，小猴就拼命摇铁链，还用力拽老猴子的尾巴，老猴子一个跟斗没翻好，栽倒在地，糖又被小猴夺走了。我忍不住为小猴的机灵大声叫好。

9. 金丝猴

今天学校组织我们去动物园秋游，给我留下深刻印象的就是灵掌类馆里的金丝猴。金丝猴外表美丽高贵。它长着一张天蓝色的脸，眼睛很大，眼皮薄薄的，眼珠来回转动着，十分机灵。它没有鼻梁，只有两个朝天的大鼻孔。我想，下雨的时候它一定会用手挡住鼻孔，免得雨水流进鼻子里被水呛着。金丝猴的大嘴非常突出，嘴唇很薄，吃起东西来一抿一抿的，十分有趣。它的身子小小巧巧的，并没有什么特别的地方，但是浑身的皮毛却非常引人注目。它的毛是金灿灿的，又光滑又柔软，好像是给它披上了一件金色的"风衣"，显得金光四射，特别华丽。它的尾巴与身子相比，显得又细又长，还向上伸着，弯成了一个"大问号"似的形状。有时它把尾巴当作第五只"手"用。

10. 长颈鹿

那边刚好有一群长颈鹿，脖子挺着，小脑袋差不多跟树梢一般齐，悠闲自在地围着树挑拣树叶吃。一只鸟落到一只长颈鹿的角上，扑着灰翅膀，振着头上的红缨，咕咕咕自言自语着，那长颈鹿也不理它。

11. 尽职的大母鹿

在小鹿的后面是一只大母鹿。这只鹿非常尽职。瞧，它抬起头、竖起耳朵、睁着眼睛、翘着尾巴，警惕地环视着四周，听四方的动静，护着它的宝贝，以防敌人来侵害。它鼻子灵活地嗅着有没有异常的气味；它威严地立在地上，时刻准备作战，真是一位可亲可爱的"母亲"。看来，世界上所有动物没有不爱自己"孩子"的。

12. 河马

当我们谈笑风生随着欢乐的人流前进时，立即被园中的"水上怪物"——河马吸引住了。它先是静静地趴在水中，只露出两只小耳朵和一小块灰褐的脊背，远远望去，像是水中的沙滩，或是突起的小岛。接着，只听见"哗——"的一声，河马上岸了！好家伙，池中的水足足退下了一尺多。再看它，浑身挂着水珠，披着一件又坚厚又粗糙的灰褐色"外衣"，两只小小的耳朵和一双细细的眼睛与它那庞大的身躯形成了鲜明的对比。实在难以想像的是支撑它那庞然大物的脚——竟是四只又短又粗的蹄子！我们都在笑它，可它却毫不在乎，一面蹒跚地往铁栏旁走，一面晃动着两只小耳朵向游客致意。它不时地瞪着两只眼睛莫名其妙地看着这，望着那，好像在说："嗯？你们怎么老看着我？难道我长得还不够出众吗？"瞧它那呆头呆脑的样子，既滑稽，又可笑，真是"不同凡响"！

13. 趴在水中的河马

当我们谈笑风生地走进动物园时，立即被园中的"水上怪物"——河马吸引住了。它先是静静地趴在水中，只露出两只小耳朵和小块灰褐色的脊背。远远望去。像是水中的沙滩，或是突起的小岛，接着，只听见"哗——"地一声，河马上岸了！好家伙，池中的水足足退了一尺多！再看它，浑身挂着水珠，披着一件又坚厚又粗糙的灰褐色"外衣"，两只小小的耳朵和一双细细的眼睛与它那庞然大物的脚——竟是四只又短又粗的蹄子！我们都在笑它，可它却毫不在乎，一面蹒跚地往铁栏旁边走，一面晃动着两只小耳朵向游客致意，还不时地瞪着眼睛莫名其妙地看着这，望着那，好像在说："嗯！你们怎么老看着我？难道我长得不美吗？"瞧它那呆头呆脑的样子，既滑稽，又可笑，真是"不同凡响"！

14. 猛虎

只见这只猛虎头大面圆，双眼圆睁，额上有个鲜明的"王"字，全身都是褐黄色与黑色相间的条纹，毛色美丽，闪闪发亮。唇、下巴、腹侧和四肢内侧都长着一片片白毛。老虎狂吼一声，似半天里起个霹雳，震得整个山谷仿佛都动了。

15. 虎

啊！雄壮威武的东北虎站起来了！只见它昂着头，张着脸盆似的大嘴，打了个哈欠，然后吐出一条血红的舌头，舔了舔尖刀般的牙齿，翘了翘钢针似的白胡须，全身抖了两抖，便迈开了大步。你看，它全身金黄，还有一道道黑色的斑纹，一双绿眼睛里射出凶光，在铁笼里大摇大摆地走来走去，可真像个威风凛凛的大将军。后面拖着的那条尾巴不就是它的武器——钢鞭吗？

16. 兽中之王——虎

"嗷！"一声惊天动地的吼声，把我吓了一跳。我小心翼翼地走了过去，眼前危峰兀立，怪石嶙峋，从山洞里昂首阔步地走出来一只猛虎。它那灯笼般的大眼睛，贪婪地向四周张望。一条大尾巴不停地摇摆，那厚厚的黑黄相间的毛似件大绵袍，平平整整地披在肩上。嘴巴上还长着长须，威武雄壮。真不愧是百兽之王！这只庞大的老虎，足有300斤。而且头大面圆，额上有个鲜明的"王"字。全身都是褐黄与黑色相间的条纹，毛色美丽，闪闪发亮。唇、颌、腹侧和四肢内侧都长着一片片白毛。它虎眼圆睁，一条很粗很长的大尾巴不停地挥动着，给人一种威武雄壮的感觉。

17. 雄壮威武的东北虎

雄壮威武的东北虎站起来了！只见它昂着头，张着脸盆似的大嘴，打了个哈欠，然后吐出一条血红血红的舌头，舔了舔尖刀般的牙齿，翘了翘钢针似的白胡须，全身抖了两抖，便迈开大步。你看，它全身金黄，还有一道道黑色的斑纹，一双绿眼睛里射出凶光，在铁笼里大摇大摆地走来转去，可真像个威风凛凛的大将军。后面拖着的那条尾巴不就是它的武器——钢鞭吗？

18. 犀牛

犀牛身体庞大，四肢粗壮，体重一般都在三千斤左右。它的皮又厚又坚硬，足以挡住枪弹的袭击。它的鼻子上面长着一只或两只角。论战斗力，在所有动物中它是冠军。据说三、四头狮子也斗不过一头犀牛，任何猛兽，被它碗口粗的角顶一下就完了。猎人骑着马，有时跑慢了，被它一顶，可以连人带马飞出去。犀牛发起脾气来，在原野上往来乱闯，暴跳如雷的时候，连大象都远远地躲着它。犀牛虽然力大无穷，凶猛异常，但它的眼睛很小，视力较差，听觉也不十分灵敏。

19. 狮子

以前，我总以为狮子是百兽之王，是一种神圣的动物，其实才不是呢！别看它在动物园里挺威武，可在大自然中却很懒惰。饱餐一顿后，它会几天不醒，这在动物界里，是很少见的。狮子捕猎时，常常会出差错。所以捕到的猎物不多，只能抢食，是个名副其实的强盗。

20. 大得吓人的狮子

那狮子大得吓人，形状狰狞可怕。它原是躺在笼子里，这时转过身，撑出一只爪子，伸了一个懒腰。接着就张开嘴巴，从容地打了一个哈欠，吐出长有两手掌左右的舌头来舔眼圈上的尘土，洗了个脸。然后把脑袋伸出笼外，睁着一对火炭似的眼睛四面观看，那副神气，可以使大勇士也吓得筋酥骨软。

21. 猩猩

　　猩猩的脸长得很特别，脸上两边长着颊垫，像是筑起两道挡风的墙，喉头上还挂着一个大口袋，那是猩猩的鸣囊。这样，它的脸显得很大，相形之下，它的一对眼睛小得可怜，仿佛是谁按上去的两个图钉。

22. 海豹

　　一只海豹从水里露出头，光滑滑、圆溜溜的。两只细小的眼睛东张西望，好像寻找着什么。瘦精精的嘴旁，长着些短胡须，大鼻子"呼呼呼"地吐气喷水。漆黑光滑的大肚皮上有些浅绿色的斑纹。它一会儿浮上水面，翻个身，肚皮朝天仰游起来；一会儿又沉到水底，窜来窜去，只能隐约看到一点影子，可真像个小潜水艇。

23. 贪婪凶残的狼

　　那种目光凶恶、口唇深裂、拖着一个扫帚似的大尾巴、到处追逐肉食的动物——狼，是最贪婪凶残的。一群狼经过之处，只要它们可以吃得下的动物都被它们吃个精光。它们为了捕获猎物，可以一直紧紧跟踪数十里。只要闻到一点儿血腥，前面有一点儿"肉食目标"，狼便成群结队去追逐。

24. 狐狸

在附近一个小丘的白色的丘顶上，有一只毛色好像火焰的赭黄色的狐狸。它身躯一扭，跳跃起来，前脚扑在地上，用脚爪掘进地面里去，它的身躯全裹在银色的积雪里。剩下它那尾巴，像深红的火舌一样，松弛地、柔软地横在雪上。

25. 美丽的狐狸

这是一只非常美丽的狐狸：全身毛色火红，像涂了一层油彩，在阳光下闪动着华丽的光泽；身段优雅、四肢匀称，两只肉感很强的耳朵挺神气地竖立在额角；那条雪白的眉毛使它的鼻子、眼睛和整张脸显得生动传神，甚至还有几分妩媚。

26. 花豹

中午，我们在一块坡地上用午餐。几十只鸵鸟在车前蹦跳，周围是一群宁静的羚羊。突然，它们惊慌地四散奔逃，一只花豹从远处窜来，在离我们百米处停下，小心翼翼地把我们打量一番，就钻进灌木丛里。十多分钟后，它又出现在我们眼前，后面还跟着四只毛茸茸的小豹崽。母豹侧卧在草地上，四只小豹争着挤到它的腹下吃起奶来。

27. 大象

一头年轻、健壮的大象甩着鼻子慢腾腾地走着。它的腿粗得像大柱子，巨大的脚掌沉重地踏在沙土地上，发出"嗵嗵"的声音。它高大、壮实，全身光溜溜的，像堵灰色的水泥墙。细尾巴拖在身后，小眼睛眯成一道缝。蒲扇似的大耳朵不时地呼扇着。一对长牙光滑洁白，像雕成的两柄剑一样。最有趣的要数它的长鼻子了。它的鼻子能伸能卷，鼻端有两个手指似的东西，非常灵活，能拣起细小的物品。看，大象吹口琴了，它用鼻端的"小手指"捏住口琴，放在鼻孔处，一呼气，口琴就响了。嘿！还怪好听的呢！

28. 喝水时的象

象喝水时，先用鼻子吸尽水面的灰尘，"噗"地吐到一边去，等水干净了，再喝。喝足以后，就使劲地"唑唑"从鼻子里往外喷水，简直像用胶皮管子洒水一样，弄得头上、胸前到处是水，为的是使身体凉爽些。来到象房，我们看到一头年轻而健壮的象，它有着墙壁似的躯干，柱子似的腿，蒲扇似的大耳朵，白玉似的大牙齿。大鼻子又粗又长，能伸、能卷，非常有趣。

29. 表演节目的大象

大象为我们表演了精彩节目。看，它吹口琴了！它用大鼻子把口琴卷住，通过鼻子呼气，口琴就响了。啊！它吹的曲子还挺有节奏呢！……接着大象又表演了推车、摇铃、抬筐、抬桶等节目。每个节目大象表演得惟妙惟肖，让大家看了忍俊不止，想像不出如此笨拙的大象能灵巧的表现，如同杂技演员。同学们看了都说："大象本领真大！"

30. 红色小嘴的小松鼠

小松鼠长着红色的小嘴，一双亮晶晶的眼睛，脸上有几条褐色的条纹，像戏台上的花脸。它的两只前爪除了跑和准备袭击敌人以外，几乎时刻不离嘴边，磨磨牙、擦擦嘴，也随时准备抓住人们送给它的食物。两只后爪如果不仔细看，几乎找不出来。身子后面拖着一条又长又粗而且有些大得出奇的尾巴。

31．拨开软草的刺猬

　　突然，一阵"吱吱"的声音引起我的注意。我侧耳倾听，声音就从我的左边传来。我寻声察看，噢，声音是从一块软草堆里发出的。我用镰刀尖拨开软草，"刺猬！"我兴奋地脱口而出。太好了，正好借此解除我的劳累。只见一只肥大的刺猬一拱身，从草堆里迅速爬出，爬出一米多远，它突然停住不动了。它一双绿豆粒大小的眼睛圆圆的，明亮而有神。它的脑袋下那尖尖的小嘴完全暴露出来，一双褐色的小眼睛直盯着我。它在窥探什么呢？往日里我见到的刺猬总缩成一团，像个刺球儿。它的尖嘴、小眼睛是不轻易被瞧见的。我正在纳闷，"吱吱……"的声音又响了。

32．狗熊

　　"熊！熊来了！"表妹惊奇地叫道。

　　这是只小狗熊，全身长满了灰褐色的毛。它晃动着肥胖的身躯慢吞吞地朝我们这儿走了过来，那笨拙的模样真惹人发笑。我向它丢了一块饼干，它行走的速度一下加快了，迅速地用爪子捡起这块饼干，放到嘴里。吃完后，它一下坐在地上，前爪放在胸前，头向上仰着，两眼盯着观看的人们，鼻子不停地抖动着。我又丢一块饼干，狗熊一张嘴就接住了。丢第三块时，我故意偏一点，狗熊并不笨，它敏捷地把头一侧，又接住了。这时又来了一只大狗熊，小狗熊大概怕大狗熊，让位了。大狗熊也像小狗熊一样敏捷，我把饼干一左、一右、一前、一后地丢着，大狗熊也挺灵活，它一偏、一侧、一伸、一仰，全接住了。

33. 狗

我家有只小黑狗，毛黑油油的，两耳尖尖的，一双淡蓝色的眼睛总是闪着机灵的光。它每天只吃点剩汤剩饭，却一直恪尽职守。只要有生人来，它就汪汪地叫着，向家里的人报告消息。父母出去迎接客人，它就跟在后面一个劲地摆尾巴。

我每天放学回家，它老远就跑过来，扑向我，围着我打转转，欢跳着带我进屋。当我烦恼的时候，它那双浅蓝色的眼睛望着我，一会儿用舌头舔舔我的手，一会儿用鼻子嗅嗅我的脸，竭力对我表示亲热。看着小黑狗那善解人意的样子，我的烦恼就减少了一半。

34. 不停摇尾巴的狗

我喜欢狗，尤其是我的"虎子"。它，黑嘴巴、黑尾巴梢，真是巧妙的"首尾照应"。它身上是黄色的毛，四个爪子却又是白色。弯曲的尾巴平时总是向上翘起，像一个大"问号"。每当我放学回家，它总是迎到大门以外，尾巴不停地摇摆，黄眼睛不住地眨起，瞅着我，然后抬起前爪搭在我的前胸上，用它的前额蹭我。它对我是那样亲热，也许这是迎接主人的一种"礼节"吧！

35. 犬

它是一只犬。它的体态十分丑陋，耳朵扁扁的，嘴巴尖尖的，尾巴毛短短的，细腿弯弯的，腰身瘦瘦的，满打满算没有十五公斤重。而它却有一套谄媚的能耐：吐舌吐的欢快，低头低的迅速，打滚儿打的好看，摇尾摇的标致而又潇洒，伸舌舔主人的面颊、手掌、脚丫，恰到好处。主人要它吐舌、低头、打滚儿、摇尾，它从不怠慢，主人要是恼火于它，它能立刻做出恐惧、可怜、求饶的神色，直到主人嘻嘻地笑出声为止。

36.　骆驼

　　骆驼生活在沙漠里。它身体很高，脖子很长，能够望到很远的地方。沙漠里有水的地方很少，骆驼的嗅觉很灵敏，什么地方有水源，它都能找到。每逢沙漠里刮起卷着沙子的旋风，它的鼻孔就紧紧地闭起来。骆驼的腿上有一大片胼胝，便它就是趴在被太阳晒得滚热的沙子上，也不会烫伤。骆驼的脚掌又宽又厚，走路的时候，两个脚趾分开，不会陷到松软的沙里去。骆驼背上有驼峰，在水草多的地方，它吃得饱饱的，喝得足足的，一部分养料变成脂肪贮在驼峰里，等到缺乏食物的时候，它就用自己的积蓄来维持生命。

37.　坚定的骆驼

　　骆驼没有引人注意的外表，但它内心纯美。它没有斑马那斑斓美丽的花纹，没有狮子那威仪赫赫的头颅和骄傲圆睁的眼睛，它有的只是粗糙的翻卷的驼绒，过小的似乎不能思考多少事情的头，和近乎呆滞的双眼。就在这极普通的身躯中，却跳动着一颗热忱而坚定的心。这颗心为人们服务而跳动，直到生命的终止。

38. 黑骏马

它乌黑的皮毛像丝绸一般闪光，从侧面看，它背上和腿上显出了更黑更亮的圈圈。它生有多好的尾巴啊，鬃毛长的这么密、这么长！它的蹄子像钢铸的，宽阔的胸膛吸起气来像风箱。它生有一双海鹰的眼睛，不但看得远，就是在浓雾里、在飞旋的雪里、在黑暗里，它都看得清清楚楚。

39. 骏马

一匹火红的骏马奔驰在广阔的草原上，四蹄翻腾，长鬃飞扬，壮美的姿势宛若历尽艰辛穿洋过海的信鸽，宛如暴风雨中勃然奋飞的海燕。仰天长啸，那动人肺腑的马嘶响彻夜空。应和着这悲壮的嘶鸣，四面八方涌出一片杂色的马群，海潮般势不可挡地从冬日苍茫的草地上滚了过来，成千上万匹马聚集在一起，呼啸奔腾。长长的马鬃马尾在的流的浮力下飘动起来，一个接一个，一个重叠着另一个，凝成一个整体，飞快地向前推进，那是一幅奔腾的美，力量的美交织在一起的奇异画面。

40. 小毛驴

我姨姨家有一头小毛驴，这头小毛驴才两岁。刚买来的时候，全身是褐色的绒毛，大家都管它叫"小毛桃"。可是现在不同了，它全身换上了油黑乌亮的短毛，已经能下地干活了。

小毛驴吃食可有趣了，它用那一对大肉嘴唇"唰、唰……"地拨动着草，还不时地用嘴把草茎拱到一边，专挑鲜嫩可口的吃。

小毛驴吃饱食以后就撒起欢来，只见它绕着柱子又蹦又跳，过了一会儿，它把缰绳绕短了，就歪着脑袋，斜着耳朵，甩着尾巴，后腿乱踢起来。小毛驴撒够了欢，就躺在太阳底下睡着了。

小毛驴干起活来可带劲了。有一次，小毛驴拉着满满一车玉米上一个大陡坡。眼看就要拉到坡顶了，车轮被一块小石头一垫，不动了。车子眼看就要往坡下滑，小毛驴立刻把头一低，把腰一弓，四蹄蹬地，拼命地向上拉，姨夫甩着鞭子，喊着口号为它助威。最后，小毛驴终于胜利地把车子拉上了坡顶。

41. 小猫

刚出生的小猫很大，耳朵软软地耷拉在脑袋后面，竖不起来，看上去像个圆球，眼睛闭着。母猫把它舔干净，它立刻发出细声细气的"喵喵"叫声。母猫叼住它的后颈皮，把它轻轻送进早已选定的"婴儿室"。从此，母猫几乎足不出"户"。小猫是不会移动的，吃饱了，就趴在妈妈的身上或身边呼呼大睡。

过了大约2天，小猫才睁开眼睛摇晃着爬行，这时它的后腿还无法站立起来，肚子贴在地上，前腿也是软软的，分得很开，而且全身不住地抖动。什么时候它不发抖了，就说明它已经长大了。

42. 小花猫

我有一只小花猫，它的头像老虎一样，身上穿着虎皮似的毛大衣，毛皮滑得像搽过油似的，样子挺神气。它四肢灵活，行动敏捷，每只脚下有5个像钢钩一样的爪子，爪子非常坚硬、锋利，抓起老鼠来可真行。还有一双蓝蓝的大眼睛，像两块蓝宝石，在夜间可以把屋子里每一个角落看得一清二楚，再加上一条毛茸茸的尾巴，翘得高高的，嗨！甭提那样子有多威武了!

43. 可爱的白兔

白兔是活泼可爱的小动物,它全身雪白雪白的,没有一点别的颜色,看上去就像用洁白无瑕的汉白玉雕刻成的。它的眼睛是红色的,好像两颗闪闪发光的红宝石。它那短短的尾巴好像挂在屁股后面的小绒球,蹦跳的时候,一撅一撅的,可有意思了。

44. 兔子

兔子浑身长满了毛茸茸的白毛,远远看上去像一团棉花。它的一双红眼睛被白毛包住了,嵌在眼窝里,像镶着颗红宝石。白兔两只长长的耳朵,足有二寸半,里面一层是粉红色的皮,外面毛茸茸的,我想它的听觉一定很灵敏。小白兔的鼻子扁扁的,嘴唇分成三瓣,总是不停地耸动着,不知是因为害怕,还是随时在根据气味寻觅食物。兔子的身子圆滚滚的,看上去挺肥。前腿又短又小,后腿又长又有力,在动物王国里它还算是个长跑健将呢。兔子尾部有一条短粗的尾巴,正如俗话所说的:兔子尾巴长不了。

45. 小白兔

小白兔周身的毛雪一样白;两只又细又长的耳朵竖着,仿佛在侧耳倾听;一双又圆又红、水晶似的眼睛一闪一闪,仿佛在察看动静;三片嘴抿得紧紧的,好像要笑,又没笑出来;那条又小又短的尾巴稍稍向上翘起,显得有些调皮。

46. 猪

学校里静悄悄的，一到饲养场，只见"小白"和"小胖"舒舒服服地躺着，小眼珠子不停地东张西望，好像在等待着谁一样。我悄悄地走到它们眼前，把西瓜切成几块，丢了一块进去，"啪"地一声，西瓜分成了两半。两只小猪一听到动静就跑去香甜地吃起来。看着那些胖乎乎的小猪娃，我很想用手摸一摸，可是不行。老母猪先是"哼！哼！"地警告着，随后就动火啦，嘴里"呼哧呼哧"的，两只圆圆的大眼睛凶凶地盯着我。我赶快拿一把青草，放在它的嘴边，趁它吃草时，我摸摸猪娃，又给它挠挠痒。真怪，我们很快就相好啦！

47. 荷兰猪

我家有一只荷兰猪，我给它起了名字叫"喜喜"。喜喜身长约15厘米，乍一看，上半身是白色的，像穿着白色上衣，下半身褐色，像穿着褐色的牛仔裤，真有点像电视剧里的米老鼠。仔细端详它，圆锥形的头，桃形的耳朵，尖尖细细的爪子处处像老鼠。

48. 田间干活的牛

这是一头在田间干了十几年活的牛。它一身金黄的毛，像一匹黄缎子。两只弯弯的大角十分威武。眼睛忽闪忽闪的非常明亮，再加上4条健壮的腿，像极了一位无敌勇士！只要见过它的人都会不住地称赞："好牛！好牛！"黄牛非常高大，"国"字头，鼻子"呼哧"、"呼哧"地喘着气，鸡蛋大的眼睛炯炯有神。头两边竖着一对灵敏的耳朵，不时地摆动着。耳朵两旁弯而尖的牛角像两把钢钻，用来决斗、护身。它有4条柱子般的腿，4只瓦盆大的蹄子，还有一条钢鞭似的尾巴，一甩一甩地赶着背上的苍蝇、牛虻。

49. 小牛

小哞哞是一头小牛，淡黄色的毛闪着光泽。刚来到这个世界上不过三个月，它觉得大地的一切都是生疏的。它总是这儿闻闻，那儿嗅嗅，看看这，瞧瞧那。有时步入鸡群，想同鸡结伴；有时同猪嬉弄，蹬翻食槽；有时看见一群麻雀在地上，它也会冲过去。

50. 牯牛

我家的这头大水牯牛，又高又大，浑身的皮毛是灰褐色的，嘴巴又扁又大，像个簸箕口，两只大眼睛圆鼓鼓的，很有神。头顶上的一对犄角都向内弯曲着，像一个没封口的半圆形。腿又长又粗，脚掌又宽又厚，就是踏在碎玻璃上也不会被扎破。尾巴很短，却很灵活，蚊子、苍蝇什么的一落在身上，那尾巴就会甩动起来，把它们赶跑。

它很喜欢吃青草和稻草，也爱吃菜叶、麻叶、高粱叶、红薯藤什么的。吃东西时，它总是先用鼻子闻一闻，用舌头舔一舔，然后用舌头绞进嘴里，大口大口地嚼起来。

闲着时，它总是显得懒洋洋的。一吃东西，就会躺下去，闭上眼睛，有滋有味地慢慢地咀嚼起来，嚼得满嘴冒白沫儿。可是干起活来就不一样了。它不但劲头大，而且很舍得卖力气，从不偷懒耍滑，绝不像驴子那样，动不动就大喊大叫地"夸耀"自己。

51. 小羊羔

我家的母羊下了一只小羊羔。小羊羔卧在母羊的身边。它灰色的毛，白头顶，一双发红的眼睛，两只耳朵耷拉着，浑身湿漉漉的。母羊"咩咩"地呼唤它的孩子。小羊羔也用轻微、颤抖的叫声回答。它挣扎着站起来，可是怎么也站不稳，两条前腿直打颤，像喝醉了酒似的，走几步，就倒了。它又挣扎着想站起来，又摔倒了，摔了几次，小羊羔终于站起来了，一步一步地慢慢会走了。

52. 舐犊情深

小羊刚生下来，身上蒙着一层透明的薄膜，浑身都是粘液，卧在地上直打颤。老羊疼爱小羊，只见它低着头，伸着脖子，在小羊身上舐来舐去。过了一会儿，小羊打着颤，把两条后腿立起来，正要抬前腿，后腿一软，就"扑通"一声倒在地上，老羊"咩咩"地叫起来，好像对小羊说："你慢点，你慢点。"老羊又在小羊身上舐。它从头上舐到身上，又从身上舐到腿上，小羊身上渐渐地露出一圈一圈的白毛。这时小羊又想站起来，一连几次都跌倒了。老羊舐着叫着，好像在说："勇敢点，勇敢点。"小羊像听懂话似的，又把两条后腿立起来，一鼓劲，终于立起来了，但是腿还是打着颤，老羊在它周围转来转去，叫着，舐着，好像看到小羊自己立起来感到很快慰似的。

53. 鸟雀

冬天的北国是萧瑟的、奇寒的。这时，没有春天的蓬勃生机，没有夏天的繁华热闹，没有秋天的累累硕果，没有美味的食物。有的只是风，风，无情刺骨的风！间或漫天飞舞的大雪。那些娇贵的候鸟们害怕了，拍拍翅膀远走高飞了，但是北国并不缺乏鸟雀的歌声。听，"唧唧唧唧"，那是北国鸟呼唤春天的话语。虽然并不悦耳，却是那样的感人。

54. 孔雀

孔雀那小巧的头上像插着几朵翡翠花，展开的彩屏像一把巨大的羽毛扇，一个个黑环，黑、绿、黄相间，像是无数只大眼睛。

55. 猫头鹰

我叫猫头鹰，因为我的面貌有些像猫。我学名叫"枭"、"角鸱"等等，身材淡褐色，有许多斑点，耳边有角一样的羽毛，眼睛既大又圆。我吃荤不吃素，行动敏捷，尤其是脖子十分灵活，几乎可以向任何方向转动，真能做到眼观六路，耳听八方了。我昼伏夜出，羽毛细而密，所以飞行时几乎没有声音。黑夜里视力极强，在十几米处的高空就能够看清楚地面鼠类的行踪；而白天，就是睁大了眼睛也看不见什么东西。这并非像别有用心的人恶意中伤的那样"见不得阳光"，而是因为我为了适应夜间战斗生活的需要，"用进废退"——视网膜上专司亮处见物的圆锥体细胞逐渐退化了，而专司暗中见物的圆柱体细胞变得特别发达。2300多年前的哲学家庄周对我很熟悉，他说："猫头鹰喜吃老鼠。夜里能看见微小的物体，而白天睁大眼睛也看不见山丘。"

56. 翠鸟

翠鸟喜欢停在水边的苇秆上，一双红色的小爪子紧紧地抓住苇秆。它颜色非常鲜艳。头上的羽毛像橄榄色的头巾，绣满了翠绿色的花纹，背上的羽毛像浅绿色的春装，腹部的羽毛像褐色的衬衫。它小巧玲珑，一双秀亮灵活的眼睛下面，长着一张细长的嘴。翠鸟鸣声清脆，爱贴着水面疾飞。一眨眼，它又轻轻地停在苇秆上了，等待游到水面上来的小鱼。

57. 美丽的小鸟

在一只精致的小笼子里，有一只美丽的小鸟。它有一张尖尖的小嘴，小小的眼睛里藏着水灵灵的黑眼珠。眼睛的周围有一圈白色的毛向后面延伸，像一条长长的眉毛，好像画出来的。我想，这可能就是它为什么叫"画眉鸟"的原因吧？画眉鸟那圆鼓鼓的身上长着褐色、光洁的羽毛，好像擦过油似的，羽毛上还夹着斑纹呢。当然，最漂亮的羽毛还是那长长的尾羽，有一种飞动、灵动的气势。与圆鼓鼓的身子形成鲜明对比的，是它那双小巧的细腿和腿下那对紧紧抓在树枝上的干练的爪子。

58. 唱歌的小鸟

太阳出来了，照在小鸟黄澄澄的羽毛上，全身变得金灿灿的，简直像神话中的金翅鸟一样。到了林中，百鸟的喧鸣，仿佛奏起一曲永不休止的乐章，连微微颤动的树叶都好像在歌唱着。

59. 鹭鸶

那雪白的蓑毛，那全身的流线形结构，那铁色的长喙，那青色的脚，增之一分则嫌长，减之一分则嫌短，素之一忽则嫌白，黛之一忽则嫌黑。

在清水田里，时有一只两只站着钓鱼，整个的田便成了一幅嵌在玻璃框里的画面。……

晴天的清晨，每每看见它孤独地站在小树的绝顶，看起来像是不安稳，而它却很悠然。……

黄昏的空中偶见鹭鸶在低飞，更是乡居生活中的一种恩惠。那不仅是清澄的形象化，而且具有了生命。

或许有人会感到美中不足，鹭鸶不会唱歌。但鹭鸶的本身不就是一首很优美的歌吗？

60. 鹞鹰

抬头一看，只见一只黑色的鹞鹰扑扇着翅膀，直朝岸边的沙滩上扑去。沙滩上，一只灰色的野兔正在拼命奔跑着。鹞鹰很快追上了野兔，张开利爪俯冲下去。那野兔猛地收住脚，鹞鹰冲过了头扑了个空。紧接着，野兔又跑起来。鹞鹰在空中翻个身，又追上了兔子。那兔子不等鹞鹰冲下来，就刹住了脚，全身缩成小团。鹞鹰忽啦忽啦飞下来，把兔子带到半空……

61. 天鹅

天鹅的模样是非常高贵的。它细长的脖子无论怎么弯曲，总是摆出一种骄傲的姿态；一双宽大的翅膀耸起着，很像一位注意仪表的先生在说："真对不起。"让人觉得十分优雅礼貌；天鹅的眼睛很温柔，黑瞳很大，显出忠诚和专注；羽毛更是洁白无瑕，那么细密地排列着，竟连风也吹不动，水珠子溅上去，不用甩就滴溜溜滚下来了。天鹅游动的时候，不像鸭子那么摇头摆尾，而像万吨轮似地稳稳"航行"，绝不溅起水花，只在身后留下一圈圈美丽而平静的涟漪。

62. 红雀

一只红雀急速地低飞下来，飞到无花果树中去，翅膀在一具吓鸟器上掠过，轻微地碰撞一下。另一只红雀紧跟在后边，接下来是一小群。那些闪亮的圆形薄片，全擦得像雨水般闪闪发光。红雀，都是些好胜的鸟儿，朝着那些逗惹着它们的自己的映像飞了过去。轻微地碰撞一下后，雀儿就在空中使出浑身的本领盘旋，然后再斜飞着冲了下来，接着又上来一次。

63. 布谷鸟

"布谷，布谷"，布谷鸟叫了。

大巴山的布谷鸟，嘴可乖了，一逢插秧收割，准叫。那声音，有长有短，高高低低，就像小姑娘唱了歌一样，清亮悦耳。

64. 鸬鹚

一只鸬鹚钻出水面，拍着翅膀跳上渔船，喉囊鼓鼓的。渔人一把抓住它的脖子，把吞进喉囊的鱼挤了出来，又把它甩进水里。

鸬鹚不断跳上渔船，渔人都要忙不过来了。

岸上炊烟四起，袅袅地升上天空。渔人不再赶鸬鹚下水了，让它们停在船舷上。从舱里拣些小鱼，一条条抛给鸬鹚。鸬鹚张开长长的嘴巴，接住抛来的鱼，一口就吞下去。

渔人荡起桨，划着小船回去了，湖面上留下一条长痕。一只只鸬鹚又像士兵似的，整齐地站在船舷上。

65. 荒原百灵

还有羽毛和土色一样的不十分美丽的"百灵"，它的头顶上鼓起一座英雄顶似的"鹅儿翎"，在大地上凄凄地叫着。不要幻想它们能唱出像鸟市上金丝笼的家族那样婉转的歌声。不会的，在这愁苦饥饿的荒原上，它们不会的。它吱吱啾啾的，看见马队过来，也不怎样想飞，好像长久没有遇见生人似的。

66. 芙蓉鸟

舅舅买来一只芙蓉鸟，这只鸟的头是圆圆的，头的两侧长着两只像黑珠子一样的眼睛。它的嘴巴尖尖的，是金黄色的。它的羽毛是白里夹着淡黄的颜色。尾巴像一把打开了一半的小纸扇。叫的声音是"叽叽、叽叽、叽叽叽叽"，真好听，像是唱歌。

67. 枯叶蝶

枯叶蝶姿态奇丽。它长三厘米，前双翅下面是青绒般的黑底，上面点缀着两个白色小斑，一条金黄色的曲边宽条横在前双翅中间，如同佩上的一条绶带；双翅的外缘镶着波浪式的浓褐色花边，十分逗人喜爱。当它停息在树枝上时，两翅竖立，收合在一起，遮盖着身躯，却展示出翅膀背面。这时，可见它周身呈古铜色，色泽和形态都酷似一片枯叶。一条黄褐色条纹，纵贯前后翅的中央，极像树叶的中脉，其它的翅脉又像是树叶的侧脉。翅上几个小黑点好似枯叶上的霉斑。后翅的末端拖着一条"尾巴"又像叶柄。我想这就是枯叶蝶之所以得名的原因吧。

68. 鹦鹉

牡丹鹦鹉的头呈橘黄色，圆圆的，像一个乒乓球。嘴红红的，就像鹰的嘴一样带着勾。眼睛黑黑的，还有一圈雪白雪白的眼圈。灰色的爪子虽然很细，但有很大作用：有时候它站在横梁上，用脚抓住横梁，才能站稳；有时候它倒挂在笼子的铁丝上，用脚死死地勾住铁丝，就不至于掉下来。它们的羽毛很好看，橘黄色的头和脖子，翠绿色的背、翅膀和尾巴，淡黄色的肚子，远远望去，真像一朵牡丹。它们的叫声也很好听，有时候一大清早就叫了起来，好像叫我这个大懒虫赶快起来；有时候爸爸放音乐或我练琴时，它们似乎觉得很好听，就"啾、啾"地叫个不停；有时候我做作业时它们还叫，叫一两下还觉得挺好玩，可叫多了就让人烦了。

69. 啄木鸟

啄木鸟拍拍翅膀飞到松树上，轻捷地伸出爪子抓住树干，并用尾羽撑住身子，好像坐在小椅子上。"笃笃笃"，尖尖的嘴巴啄了几下，就把树里的小虫捉出来了。

70．"医生"啄木鸟

从远处树林里传来了"笃笃笃"的声音。哦！原来是啄木鸟正歪着小脑袋，在树上东敲敲，西敲敲，真像个医生，挂着"听诊器"，在给树看病呢！忽然，它发现树皮下有虫，就把树皮啄开，伸出它那带钩子似的舌头，把虫一只只串在一起，然后吃进肚里……

71．丹顶鹤

出现在古代诗词、图画中的鹤，就是丹顶鹤。因为它时常在诗画中与仙人隐士为伴，所以又叫仙鹤。

它经常昂首阔步，显出一副既骄矜又潇洒的神情。当它展开美丽的双翅，翩翩起舞的时候，那修长的双腿，那优雅的舞姿又那么像杰出的"芭蕾舞大师"。

它浑身洁白，只有尾部覆盖漆黑的羽毛。它雪白的头上顶着鲜红的肉冠，像白金王冠上嵌着一颗夺目的红宝石，更增添了丹顶鹤的"雍容华贵"。

72．喜鹊

喜鹊的羽毛大部分黑而带绿，只是肩和腹部有白色羽毛，显得朴素洁净。喜鹊的全身轻盈优美，鸣声清脆响亮，使人有喜悦的感觉。不论是萧瑟秋风的树下，还是冬天野外的路旁，看到喜鹊迎面飞来，生机勃勃，欢欣活跃，就令人感到振奋。喜鹊因而也受到人们的喜爱。大地还没有解冻时，勤劳的喜鹊就开始忙碌起来。尽管去年建造的巢还很结实，它们还是认认真真地拆除巢内的一根根细树枝，重新建造又大又透光的新巢。

73. 杜鹃

杜鹃不营巢，也不孵卵哺雏。到了生殖季节，它产卵在莺巢中，让莺替它孵卵哺雏。雏鹃比雏莺大，到长成时，甚至比母莺还大，鹃雏孵化出来之后，它自己独霸着母莺的哺育。莺受鹃欺而不自知，辛辛苦苦地哺育着比自己还大的鹃雏，真是一种令人不平、令人流泪的情景。

74. 燕子

一身乌黑的羽毛，光滑漂亮，一对俊俏的轻快的翅膀，加上一个剪刀似的尾巴，凑成了那样活泼可爱的小燕子。

在微风中，在阳光中，燕子带着它剪刀似的尾巴，斜着身子在天空里掠过，"唧"的一声，已经由这边的稻田上，飞到了那边的垂柳之下。还有几只横掠过波光粼粼的湖面，剪尾或翼尖偶尔沾了一下水面，那小圆晕就一圈一圈地荡漾开去。

75. 鹰

四周的村落里，升起了早饭的炊烟。潍河的上空，出现了老鹰的影子，它那乌黑发亮的翅膀，横扫着破棉絮般的云块，一会儿从云里钻出来，一动不动地停在空中，良久地俯视着雨后的田野和那浩浩荡荡异常雄伟的大河；一会儿，吃惊了似的把翅膀一侧，像一道黑色的闪电，又冲进那黑沉沉的云海里了。

76. 白鸽

一天早上，我从笼子里拿出小白鸽，使劲一投，小白鸽拍拍翅膀飞上了蓝天，飞得只能看见一个小黑点了。过一会儿，它一个俯冲，呼地又扎了下来，落在我的手上，像一朵白莲花。我有意炫耀一下，又把它投上天空。不料，小白鸽碰到一群往北飞的鸽子，便加入了它们的行列。

77. 海鸥

一只冷酷的灰色的海鸥从后面飞来，用同样缓慢的速度，又一次沿着横弹道线飞翔。两只翅膀动也不动，向两边展开，构成两个弧形，两个翅尖稍微下垂，头向右侧倾，用一只浑圆的眼睛观察着水面——不是水面就是那条轮船，或者什么都不是。

78. 大公鸡

这是一只浑身雪白的大公鸡。它的鸡冠红红的，真像一把正在燃烧的火炬。它的眼睛又小又圆，但很敏锐。嘴黄黄的，尖尖的，顶端还有个锐利的钩子。它的腿很粗壮，上面整齐地布满淡黄的鳞片。脚趾叉开，爪尖上的指甲弯弯的，尖尖的，看上去十分锋利。它在院子里昂首挺胸地踱着步子，样子真是又威武又神气。

79. 鸡

我特别喜欢那只白鸡。它周身的羽毛洁白无瑕，头上的鸡冠血一样红，像是戴着一顶小红帽。它有两只圆溜溜的小眼睛，长在脸的两侧。我想它的视力一定非常敏锐，要不怎么能发现地面上人都看不见的食物呢？我看不见它的耳朵，它却能对细微的声音作出及时的反应。它那黄色的小硬嘴，尖尖的，略微带点钩。它还有一双桔黄色的脚，每只脚上有四个叉开的脚趾，三个朝前，一个朝后，尖尖的爪子时常在土地上刨来刨去。

80. 鸭子

小鸭子浑身上下都长着浅黄色的羽毛。圆圆的头上长着一对又圆又大的眼睛，它们那桔黄色的嘴巴是扁扁的。嘴上还长着两个小孔，这就是它们的鼻子。小鸭子背上长着一对翅膀。尾巴向上翘起，就像小木船的船尾。它们的脚掌是红色的，上面还有纹路，脚趾中间还有一层蹼。它们走路时，总是挺着胸，拍着翅膀，一摇一摆地走着，嘴里还不停地嘎嘎地叫着，好像在夸耀自己。虽然它双脚沾上泥浆，却也满不在乎，你看它还洋洋得意呢。

81. 憨鹅

鹅真不愧是"憨大"，瞧它那副蠢相，呆呆的，走起路来一摇一摆的，见人非但不怕，还要伸着长脖子来咬。看到了鲜嫩的草，也不马上吃，要叫几声再吃。偷吃了青菜，被人发现后还不逃，直到鸡、鸭全部逃光了，它才像刚刚睡醒似的，"憨憨"地叫了声，踱着方步，不慌不忙地往外走。这不，它的叫声也是"憨憨憨"的，真是自我定名。

82. 海螺

爸爸从青岛给我带来一个海螺壳。硬硬的海螺壳内微微发红，壳外有棕黑色的旋纹，人们都叫它"红脉螺"。

爸爸告诉我说："别看它'貌不出众'，把它放在耳边，能听到海风的声音呢。"我把它放在耳边一试，果然隐隐约约听到海风似的"呼呼"的声音。听着，听着，我眼前仿佛出现了壮丽的大海，碧蓝色的海水上面，飞翔着银色的海鸥。随着海风的"呼呼"声，万顷碧波有节奏地汹涌起伏。

83. 螃蟹

螃蟹身披青色"盔甲"，像古代的青铜骑士。两只前钳就像长了一对虎牙，碰到东西就张牙舞爪，使劲夹住不放，两只小眼睛机灵地观察着周围的一切。螃蟹的嘴上还不断地往外冒着气泡，就像一个满头大汗的长跑运动员。更逗人的是它走起路来与众不同，活像个横冲直撞的醉汉。

84. 海龟

顺着他指的方向，我隐约看见一只大海龟随着波浪，慢慢腾腾地向海边划来。它东瞧瞧，西望望，见没有什么动静，便爬上了沙滩。它那笨重的身体，在沙滩上留下一条深深的痕迹。海龟选定了一块地方，低下头，用前面的爪子挖沙。挖了一会儿，它伏下去再用后面的爪子挖沙。又挖了一会儿，坑就挖好了。它安安静静地伏在坑里下蛋。

我们悄悄地走到海龟旁边，用手电筒一照，看见它已经下了不少蛋。海龟似乎没有觉察出旁边站着人。它下完了蛋，用沙子把蛋埋起来，扒得平平的，然后不慌不忙地在周围弯弯曲曲地爬了一会儿，就向大海那边爬去。

85. 甲鱼

在没有危险的时候，大甲鱼就伸出脑袋，四脚不停地划，当有人用小木棍去逗引它时，它便把头缩了进去，可是一会儿又探出头来，急着往瓶外爬，似乎想逃离这讨厌的地方。你若再去逗引它，它便生气地不理睬你了。而小甲鱼就不同了，有人用小木棍去引它，它却一动不动。

同学们把两只甲鱼放在地上，大甲鱼就拼命地爬起来，好像和谁比赛似的，当大家为它拍手鼓劲时，它爬得更快了。而小甲鱼任你怎么弄，它始终赖在地上不动。我想：也许是小甲鱼害怕，也许是它跑不动吧！

86. 娃娃鱼

妈妈单位办公室的鱼缸里，有一条珍贵的娃娃鱼。它的背部乌黑，头是梯形的，两侧长着一双小眼睛，整天一眨也不眨。它的脖子很短，有四支短而细小的腿，它的脚趾很特别，前爪有三个趾，后爪有四个趾，身体像一个长长的橄榄球，两头细中间粗。可是，它的尾巴却很长，占身上的一半。娃娃鱼靠尾巴掌握方向，划水前进。它平日趴伏在水底一动不动，看上去活像一只大壁虎。

87. 乌龟

　　这只小乌龟长着尖尖的三角形的小脑袋，一双绿豆眼睛镶嵌在脑袋两侧，显得非常机灵。它的脖子能像手风琴那样一伸一缩的，上面还有几条绿色的横条纹，好像围着一条花围脖。小乌龟的壳鼓鼓的，向上拱起，它是由十三块六边形骨片组成的，非常坚硬。它的腿上面覆盖一层细小鳞片，短短的，爬起来很慢很慢，还不时停下来伸长脖子向四面八方张望，看它那慢条斯理的样子，真让人觉得好笑。

88. 小乌龟

　　这只小乌龟的背甲乌黑发亮，比杯大不了多少。背上黑中嵌有棕黄色的线条，把背甲分隔成有规则的图案，我数了一下，共有十三块，怪不得人们给乌龟起个美名"十三块六角"。它的肚皮下面也是硬硬的，敲起来梆梆响。它有四条粗短的腿，还有一条细小的尾巴，真逗人。

　　我把它放在地上，让它爬，想逗它玩玩。瞧它那害怕的样子，把头紧缩在壳里，一动也不动。"缩头乌龟"这个外号也许就是这样得来的吧！过了好一会儿，它才把头伸出一点儿试探周围的动静。我真不耐烦了，用手狠狠地戳它的背甲，想让它快把头伸出来。这下可糟了，它的头缩得更紧了。我等了好久，还没有动静，这可怎么办呢？哥哥来帮忙了，他告诉我一个诀窍，于是我按哥哥的办法，找一根火柴向乌龟的尾部轻轻地戳去，果然，它把头伸出来了，嘿！这一招真灵！

　　乌龟开始爬得真慢，我不时地用火柴催促它前进。它爬了一会儿，停下来休息，把头伸得长长的，芝麻般的小眼睛咕噜咕噜直转，好像在说："你们可别小瞧我爬得慢，当年我和兔子赛跑，还得了冠军呢！"它那样子真骄傲。

89．美丽的金鱼

我非常喜欢那条粉红色的金鱼。它的眼睛圆鼓鼓的，张开的小嘴就像一年级小朋友念的拼音字母"○"。它的鳞片是粉红色的，在阳光的照射下，还能发出微弱的光。它身体两边的鳍，就像两把船桨，在前后划动。我特别喜欢它那条粉红、美丽的大尾巴。近看，这条尾巴像一把美丽的大扇子；远看，它像一个天真活泼的女孩子身上的纱裙。多美丽的金鱼啊！

90．金鱼

在这四条金鱼里，有一条穿"黑战袍"的"大将军"。它的眼睛鼓鼓的，游起来尾巴一甩一甩，那威武劲，还真有点大将风度呢！但论漂亮，还要数"花小姐"。"花小姐"的背心和鳍是黑色的，当它慢悠悠地在水中"散步"时，尾巴摆来摆去，真像一位娇滴滴的小姐。还有两条小金鱼，"袍子"是闪闪发光的银片织成的，头上戴着小"红帽子"，漂亮极了。

91．海星的外形

海星是五角星形的，身体中间部分为红色，其余部分都是深蓝色的。海星腹部的五角上，各有一条缝，每条缝都通向腹部中央，集合成一点，而且各条缝的边缘上生着一对对的触角。不过，这些触角可以缩回体内，不仔细看是不容易被发现的。

92. 海蛆

我到海边去游泳，远远看见酷似蟑螂的海蛆成群聚集在岩石上，一动不动。走近才发现它们正以迅猛的速度吱吱吱地向前移动。难道它们中间还有首领不成？要不怎么全部朝着一个方向移动，宛如一支军队在行进。

我蹑手蹑脚悄悄尾追上去，可就差一步，还是让它们逃掉了。气死人啦，第二天我索性带上网去抓。

海蛆都停在岩石下面，所以要想抓住它们并不像我想象的那么简单。我脚一滑摔倒在地上，最后好歹抓住了三只。我把手伸到网里抓海蛆，出人意料，海蛆给我一种软乎乎的感觉。原以为它身上的颜色像铠甲的颜色，那它们的身体至少要比铠甲坚硬点，没想到它却是软的。

有的海蛆觉察到我在追赶它们，可它们并不向海里逃，或许是惧怕海水吧。我试着往它们身上浇了一些海水，浑身湿透的海蛆不再逃窜，而是纹丝不动地抱住岩石，未被淋着的则吱吱地向四处逃走。过了一会儿，大概是海水干了，刚才趴着不动的海蛆开始向岩石的上方奔逃。

或许海蛆还不会游泳呢。于是我决定用那几只被我擒住的海蛆做试验，这只怪它们的运气不佳。海蛆放进海里，还没来得及做任何挣扎就沉下去了，我以为它们会从海底爬上岸，最后还是一直没见它们的踪影。为了做实验，把它们扔进海里，太没同情心了。

"由于你们的牺牲，我才懂得这一新道理呀！"我望着大海喃喃自语。

93．猫鱼

那两条猫鱼，一条长得肥肥短短的，另一条长得比较瘦长。猫鱼是一种像猫的鱼，它们都有胡须。我们家的两尾鱼是黑色的，它们喜欢在鱼缸下面的部位待着，偶尔游到上面玩一下，游的时候尾巴会摇摆。我觉得它们脸上一直都有笑容，真好玩也真可爱。

94．对虾

我也赶忙趴在船舷旁边看。哈，那一群群体形像香蕉的对虾，正穿梭在稠密的藻丛里游来游去。它们都穿着白色透明的盔甲，头顶伸出两条触须，当它们在海底爬行的时候，两条柔软而细长的触须总是不断地摆动着，显得十分威武！

95．龙虾

大龙虾全身披着红色的"盔甲"，样子很威武。它的头呈三角形，头上长着乌黑发亮的眼睛，有绿豆大小，像两个黑色发亮的珍珠镶嵌在头上。头顶上长着两根长长的胡须，胡须也就是触角，像戏剧演员演戏时戴在头上的野鸡毛。头下部两侧有又大又硬的铁钳，上面有锋利的锯齿；顺着锯齿排下，还有 4 对小爪子，上面也有锯齿；尾巴有 5 瓣，像小扇子。

96．小团鱼

……啊，多可爱的团鱼呀！它身体扁圆扁圆的，像一个小面包。

背上有许多特别的斑点和花纹，肚皮洁白，骨架隐约可见，还有一些图案似的斑纹，真像一幅简明的地图。它的脖子能缩能伸，嘴尖尖的，眼睛鼓鼓的，尾巴又尖又小，四条腿短而粗壮，脚趾间都有一层灰绿的薄蹼，还有五个锋利的爪子。我看了又看，摸了又摸，顺手把它翻过身来，它立即伸出长长的脖子和粗壮的腿，一扭一拱地翻了过去，真是顽皮。这样搞了几个回合，因为怕伤害它，我再也不忍逗它了。

97. 鱼产子

一天晚上，我正在写作业，突然听到爸爸叫我。我过去一看，原来雌鱼开始产子了。我好奇地注视着它。它慢慢游动，尽量不大转身子，生怕伤着小鱼，又像在安慰自己。突然，雌鱼的腹部抖动起来。紧接着，一个小亮点晃动着从鱼腹中钻了出来，当快落到缸底时，小亮点展开了身子，飞快地游动起来。第一个小生命就这样诞生了！不到一刻钟，小鱼缸里已游满了小鱼苗，我数了数，共6尾，看着这一条条活泼的小鱼苗，我真有点欣喜若狂了。

98. 鲸

不少人看到过象，都说象是很大的动物。其实还有比象大得多的动物，那就是鲸。最大的鲸有三十二万多斤重，最小的也有四五千斤。我国捕获过一头八万斤重的鲸，有十七米长，一条舌头就有十几头大肥猪那么重。它要是张开嘴，人站在它嘴里，举起手来还摸不到它的上腭；四个人围着桌子坐在它嘴里看书，还显得很宽敞。

99. 蛙泳能手

小青蛙在水里游来游去，真是一个蛙泳能手。青蛙没有颈，头和身体直接相连，它的头是尖尖的三角形，头顶的两侧长着一双灵活透亮的大眼睛，眼泡向外突出。眼睛下面有一张显得特别宽阔的大嘴巴。青蛙背上披着一件浅绿色的外衣，上面还绣着几道金黄色的条纹，腹部白色，好像穿着白色的衬衫。青蛙的后腿强健有力，缩在一起，前肢直立，支撑住全身。它的每只脚有 5 个脚趾，脚趾中间有一层薄皮——蹼，便于划水游泳。在地面上，它的脚趾叉开，看上去有点像鸭子的脚。

100. 蜘蛛

昨天下午，突然刮起了一阵大风，我跑出院子一看，蜘蛛网已经无影无踪了。可怜的蜘蛛爬出来，又开始重新结网了。只见它吐出的丝一摆一摆的，好像打秋千似的。摆呀，摆呀，"呼"的一下，它已经抓住了屋檐下的电线，一座"桥"搭成了。它又从"桥"上爬回来，到了"桥"中间，蜘蛛停下来不动了。我以为它在休息，突然，蜘蛛掉下来，我吓了一跳，再仔细一看，蜘蛛还在那里挂着。原来，它又从这里抽出一根丝来，织成一个"丫"形的"桥"。"哦，是这样的。"我看得脖子都硬了，就跑出去玩。到我吃晚饭的时候，蜘蛛的网已经快完工了。

101. 蟋蟀

蟋蟀俗称蛐蛐，也有人叫它促织。

蛐蛐是一种好斗的昆虫，它的身子大约长20毫米，是黑褐色的。头上长着一对长长的触角，比它的身子还长呢。它有三对足，前面的一对又细又短，中间那对就略微粗一些、长一些，最后那对不仅又粗又长，而且还长着许多小刺。公蛐蛐有两只又小又细的尾巴，而母蛐蛐却有三个尾巴，中间那根最长，就像一个横写的"山"字。

102．蛐蛐

蛐蛐的鸣声很好听，它依靠双翅的摩擦振动，触发出两种不同的声音：有时高昂短促——"矍矍矍矍"，好像在发出战斗的命令，又好像在警告来犯的敌人；有时低沉绵长——"嘀嘀铃、嘀嘀铃"，仿佛在弹奏抒情的乐曲，炫耀自己高超的演奏技巧。

蛐蛐对住址的选择比较随便。沟边、地头、砖头堆、墙壁缝，都可以成为它们的"藏身之所"。不过，它们筑的窝，还是比较考究的，讲究干净、舒适，既能挡风，又能避雨。蛐蛐的窝都有前后两个洞，洞口的周围有一层薄如蛋壳的细沙。有经验的人一眼就可以识别出这是蛐蛐打的洞。假如有"敌人"来犯，蛐蛐就会从另一个洞口溜之大吉。如果碰到稍有捉蛐蛐常识的人，在后洞口罩上一只铜丝罩子，那就会使蛐蛐"自投罗网"了。

103．秋虫鸣叫

大肚子蝈蝈"滋滋滋"地拉起二胡；小蛐蛐儿的笛子也发出了"吱吱吱"的声音；蚱蜢拉起提琴"咿呜咿呜"的；油葫芦横吹长笛"吕吕吕"的；纺织娘"冬冬"地弹着琴弦；金铃子"丁零丁零"的钢琴声也跟了上来……还有许多叫不上名来的秋虫的鸣叫，组成一个音乐会。那曲调时起时伏，时缓时促，犹如高山上流下一股泉水，淙

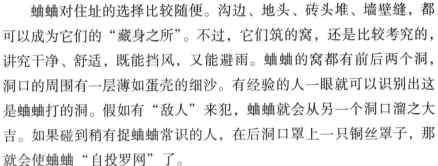

淙潺潺，好像草原上拂过一阵温暖的春风，悠悠扬扬；又似暴风骤雨，千声竞响；真是变幻莫测，令人遐想无边。大概音乐的诞生就源于此吧。

104. 螳螂

螳螂是昆虫目的通称。它的种类很多，我国常见的有大刀螂、斑螳螂（小刀螂）、刀螂、薄翅螳螂等。最常见的大刀螂，体型较大，体长约 8 厘米，全身绿色或土黄色，头部三角形，活动灵便，触角细如丝。复眼很大，是由许多六角形的小眼组成的，能辨识物体的形状大小。胸部有翅两对，足三对，前胸细长，行走时昂着小脑袋，伸着长脖子，东窥西探的样子，倒有点像动物园里的长颈鹿。

螳螂的细长前胸上长着一对形状粗大、像镰刀一样的前足，它的腿节、胫节上都长有钩刺，那就是著名的"大刀"，然而那并非为非作歹的凶器，而是捕食知了等害虫的利刃。

105. 蚱蜢

突然，我看见草丛里蹦出一只什么东西，一下落在了草地上，我仔细一看，原来是一只蚱蜢。嘿，这只蚱蜢可真够大的，有 10 厘米那么长。我高兴极了，小心翼翼地走到它跟前，两手用力一捕，捉到了这只非比寻常的"大将军"。我抓住它的两条大腿，正要往瓶子里放，没想到，蚱蜢挣断了两条大腿，飞走了。

我赶紧盯住它的降落点，追了上去。这只蚱蜢真狡猾，它看见我又来追它了，就发疯似地向前飞，我也不甘示弱，紧紧地跟着它，蚱蜢终于飞不动了，它可能以为我没追上来，就落在一块荒地上，想休息一会儿。我瞅准时间，像一只猛虎扑了上去，捉住了这只无腿"大将军"，把它装在瓶子里，炸蜢在瓶子里乱撞乱爬，好像还不服输，我才不理它呢，手里拿着装着炸蜢的瓶子，得意洋洋地回家去了。

106．小飞虫

一只长着光壳的翠绿翅膀的小虫，越过栏杆，飞到走廊上来。虫子的头上，长着一块美丽的薄壳，像小姑娘披上了薄薄的蝉翼般的纱巾。这虫子纤细而温柔，透过薄壳还可以看见红珠子似的小眼睛。入春以来，这种虫子很多，常常撞入铁窗，陪伴着长年没有呼吸过自由空气的人们。

107．蜜蜂

一阵"嗡嗡嗡"的声音，由小变大，渐渐地来到院子的上空。一大群小蜜蜂，金光闪闪，正在我们头顶上旋绕。然后，聚集在附近的树杈上。不一会儿，树上起了一团黑疙瘩，成群的蜜蜂停歇在树上，不停地扇动着翅膀，你拥我挤，密密麻麻，转眼间，再也看不见蜜蜂平素那脆弱的身子了。

108．小蜜蜂

阳光是这样的美好，花朵是这样的鲜艳，小蜜蜂兴高采烈，嗡嗡嗡地飞着。它一下子飞到玫瑰花上面，一下子飞到丁香上面，接着又飞到桔子花、柠檬花上面。每一朵花都好像含笑地欢迎着它，用花瓣轻轻地抚摸着它。小蜜蜂迅速地扇动它的翅膀，转动它的复眼，快乐地张合着它的口器，挥舞着它的六只小腿。

109. 苍蝇

可是你等着，等着，却等来了苍蝇。它们从龌龊的地方飞出来，嗡嗡嗡的，绕住你，叮住你的涂一层胶似的皮肤。戴红顶子像个大员模样的金苍蝇刚从粪坑里吃饱了来，专拣你的鼻子尖上蹲。

110. 蝉

金蝉把身子抖动了几下，马上在蝉背上裂开了一条缝，美丽的保护甲露出来了。头也跟着露出来了，两只眼睛像两个刚出壳的花椒籽一样，又黑又亮。六只足也出来了。整个身体也跟着活动起来。紧接着金蝉向前跳了几下，又向后仰了仰，然后用前足抓住蝉壳使劲一抽，一个又白又嫩的蝉壳就露了出来。这时蝉除了背上的保护甲以外，全身由灰白的颜色变成了深绿色，又变成了棕黑色，扇子似的翅膀上也显出了一道道排列整齐的点点斑斑，触角上也出现了一道白色银环。这真是一个奇特而有趣的景象，我几乎惊叫起来。

111. 蛇与蜈蚣

走近了，我发现在蛇对面约1尺远的地方，有一条蜈蚣在和它对峙。蛇有着土黄色的花纹（后来爸爸告诉我，这是一条很毒的五步蛇），有2尺来长，不粗，只比我的大拇指粗一点点。虽然不大，但和对面的大概只有两三寸长的蜈蚣相比，却是庞然大物。这时，它们互相盯着，蛇不住地往外吐着那像叉子一样的信子头；面对庞然大物，蜈蚣毫不示弱，只见它头不动，身子却在急速地左右摆动，做好了迎战的准备。终于蛇抢先朝蜈蚣扑过去，蜈蚣很灵巧地一闪，让过了蛇的攻击，身子一摆，竟然爬到了蛇的背上，几十条腿紧紧地抱住了蛇身，头正好在蛇的尾部，它一口咬在蛇的尾巴上。蛇好像很痛，在地上打了一个滚，想甩掉蜈蚣，却没有甩掉，它掉转头，在原地转了一个弯，再向咬住自己尾巴的蜈蚣反咬过去。就在那一霎间，蜈蚣放掉蛇的尾巴，前面两条腿，搭过去，抱住了蛇的脖子，那像钳子一样的嘴立即在脖子上咬了一口。这一下咬住了蛇的要害，蛇痛得不住地在地上翻滚，但蜈蚣就是不放。慢慢地，蛇停止了翻滚，好像是力气用完了，只有尾巴还在动。

112. 蝗虫

黎明，凉风吹得露珠在草叶上打滚，沼泽的雾气弥漫在田野上。但是，这宁静里却伏着凶狠的杀机。看，刚刚亮起来的天空又暗下去了。伴着可怕的"嗡嗡"巨响，蝗虫来了！它们不顾远行的疲劳，搜索着，盘旋着，张大贪婪的眼睛，拼命撕咬着树叶、草茎。刹那间，天昏地暗，日月无光，满耳只有那令人毛骨悚然的"嚓嚓"声。

113. 萤火虫

在西班牙和墨西哥偏僻的村落里，妇女们喜欢把萤火虫包在薄纱里插在头发上作为饰物打扮自己，有的还暗暗比赛，看谁头上的萤火虫多，看谁头上最亮。在美洲的森林里，还有人把萤火虫装在透明的瓶子里，绑在脚上夜行照路。

点点银白的、灵动的光，在草丛中飘浮。……在迷茫的夜色中，一切彩色都失去了，有的只是黑黢黢一片。亮光飘忽地穿来穿去，一个亮点儿熄灭了，又有一个飞了过来。

记得萤火虫很少飞近我们的家，只在溪上草间，把亮点投入反射出微光的水，水中便也闪动着小小的亮点，牵动着两岸草莽的倒影。

114. 蚂蚁

后来又有一大队蚂蚁出现了，不知是从什么地方来的。它们开始干它们的工作，其中有一个蚂蚁双手抓着一只够它自己五倍大的死蜘蛛，英勇地拼命前进，一直拖着它硬往树干上爬。……现在整个自然界都已经大醒，活动起来。远近各处都有标枪似的一道道的阳光从茂密的树叶子里投射下来，还有几只蝴蝶拍着翅膀登场了。

115. 蚕

这两条蚕有一寸来长，身子是白色的，头很灵活，嘴很锋利。它要是饿急了，片刻之间能消灭一片桑叶。它吃桑叶的速度比较快，只是头在叶子的边缘转上那么一圈，你就会发现桑叶的边缘缺了一大块。如果在晚上，你还能听到"沙沙"的响声，那是它在吃桑叶，它好像永远吃不饱似的。

116. 白蚁

在白蚁家族里，蚁后每天都产下大量的卵，繁殖后代；工蚁不停地忙着寻找和搬运食物，建造它们的"宫殿"；而兵蚁则时时提高警惕，一旦发现入侵之敌，便群起而攻之，与之展开殊死的搏斗。白蚁们有如此明确的分工，它们工作起来又是如此的有条不紊，忙而不乱，真可谓生机勃勃，情趣盎然。可令人难以置信的是：它们没有眼睛！白蚁的食物来源是不成问题的，一切东西包括木头和石头，都能成为它们的腹中之食。由于白蚁是高蛋白动物，它们的天敌（包括非洲土人）都把它们当作美味佳肴。但是，白蚁的家族并没有因此而衰败下去：一个土堡崩塌了，别处又建起了新的土堡。白蚁，这幼小的生灵的生命力可谓强矣！

117. 壁虎

壁虎躲在阴暗处，选好了有利的地形，就悄悄地向窗上的一只飞虫发起了进攻。壁虎脚上有吸盘，能稳稳地趴在窗子上。它慢慢地、慢慢地向前爬。越来越近了，突然猛地一窜，一口咬住了飞虫，飞虫就成了它的俘虏。

118. 变色龙

黄明仔细一看，那动物不到一尺长，长着四只脚，一条细长的尾巴。

"是四脚蛇吧！"

"不，这是一种有趣的动物，名字叫'避役'，生长在非洲，人们通常叫它'变色龙'。

"变色龙皮肤的每个细胞里，有四种色素：红、黄、赭、绿。这四种色素，都会一会儿扩张，一会儿收缩。比如，绿色素一受到草绿色的刺激，就立刻像树枝一样伸展开来，布满了整个细胞，其余三种色素就收缩成为微细的小点，这时候变色龙也就变成了绿色。如果它跳到红色的花丛中，红色素受到刺激，立刻伸展开来，布满了整个细胞，其余三种色素收缩成为微细的小点，变色龙就变成了红色。它的皮肤是由无数细胞组成的，每个细胞的色素起了变化，变色龙就变了颜色。"

119. 蝴蝶

　　这时，又有一只大蝴蝶飞过来，落在近处的一棵野花上。这只大蝴蝶真漂亮，两根触须摆来摆去，肚子上的花纹有红的，有黄的，可好看了，特别是那一对大翅膀更是好看，翅膀上面的圆点有多种颜色，这些颜色在翅膀上组成了美丽的图案，特别好看。

　　……在草坪中央的几方丈的地面上，聚集着数不清的蝴蝶，仿佛是一座五彩缤纷的花坛。它们互相挤着，攀附着，重叠着；它们体积不断地扩大，新的蝴蝶群不断地加入进来。这蝴蝶大多数属于一种，翅膀背面是嫩绿的，当它们停止时就像是一片绿草，它们的翅膀正面却又是金黄的，上面带着一些花纹，当它们飞动时就像朵朵金花。

第三章

写作动物好句

1. 飞禽 家禽

孔雀出来，好像美人拖着翠色的长裙子，四处转悠。

燕子披着乌黑的"披肩"，穿着雪白的"肚兜"，扇动着一对灵巧的翅膀，在院子里转了一圈儿，落在徐老师宿舍的屋檐下。

当我把东西扔到笼子里，小鹦鹉就像老鹰扑食一样扑了过去。

白天鹅肥大丰满，像一位披着白衣的天女。

门关着，小公鸡着急了，两只豆粒般的眼睛滴溜溜地乱转，好像在考虑："在这走投无路的情况下，我该怎么办呢？"

鹤从容不迫地扇动着翅膀，飞翔在广阔的碧空，时而低啼，时而高鸣。

小麻雀真调皮，它们落在树上，"叽叽喳喳"地叫着，就是不往筛子跟前飞。

小企鹅浑身雪白雪白的，红嘴巴又扁又长，一对小眼睛黑溜溜的，两只小爪也是红彤彤的。

鸟儿呼朋引伴地卖弄清脆的歌喉，唱出婉转的曲子，跟轻风流水应和着。

海鸥闪电般从云端俯冲下来，在接近水面的一刹那，突然像羽毛一样轻盈地飘落。

夜莺啼叫得像一只清脆的银铃，它唱得如醉如痴。

这真是两只异常可爱的鹅，玉羽、金蹼、红喙。

这些鸡雏真可爱，全身茸毛像绒团，一双黑眼像墨晶，啾啾的叫声真比山泉的响声还要清脆。

白鹅屁股朝天，踢动着两蹼在撒欢地戏水。

大公鸡披着色彩鲜艳的羽衣，昂首阔步、大摇大摆地走着，发亮的眼睛闪着挑战的光。

几百只绒球似的小鸡，绒毛像丝线一样光滑柔软。

小鸡的眼睛只有绿豆粒那么小，羽毛湿湿的，像刚从水里捞出来似的。它们的小嘴是嫩黄的，小脚也是嫩黄的，软软的，站不稳。

小白鸽浑身的羽毛像雪一样白，配以红色的嘴巴、肉色的鼻花和桔红色的双爪，美丽极了。

2. 野兽 家畜

一只黑色的狐狸从树丛里闯出来，一副尖尖的嘴脸，嘴里喷吐着腥臭的气味，脸歪扭着，狡猾地转动着眼睛，然后拖着长长的尾巴大摇大摆地朝前走去。

刺猬的爪子像老鹰的爪子那么锐利，那么有力，除了腹部。刺猬浑身长满了像钢针一样的硬刺，又短又密。

大刺猬满身白色硬刺耸立，像面临大敌一样，小刺猬身上长着灰色小刺，闭着眼睛在寻找奶头儿，好玩极了！

这是一只又肥又大的狗熊。它长了一身墨黑的毛，圆睁着一双蓝黑的眼睛，竖起一对尖耳朵，紧张地听着四周的动静。

袋鼠妈妈长着一张长长的脸，雪亮的眼睛里镶着黑珍珠般的眼珠，尖尖的鼻子上有个黑黑的鼻头儿，像一块香甜的巧克力。

"小灰象"的身体毛茸茸的，像穿着一件绒大衣，肚子鼓鼓的，像喝了许多水一样，胸脯挺得高高的，像胜利回来的将军那样威风。

黑猩猩的个儿不高，脸上有很多皱纹，像个七八十岁的老奶奶一样。

"小刺猬"便露出它的绝招——脑袋一歪，脖子一缩，四条小腿一抱，就地打了一个滚，身上就扎满了红枣，活像披了一件紫红色的蓑衣，好看极了。

大青骡子仰着头，皮笼头上的红缨缨，像是秋雨里一朵艳丽的鸡冠花。

老黄牛长得又高又大，瘦瘦的，它的美丽的角，它的干净的毛，以及它的庞大的露出骨骼的躯干，构成了它的稳重的美。

从正面看去，猫真像一头小狮子！在它圆圆的脑袋上长着对儿小耳朵；一双蓝宝石般的眼睛闪着亮光。

小白兔全身雪白雪白的，没有一点杂色，好像是用洁白无瑕的汉白玉雕刻成的。

羊群像一块块白色的毛毯，点缀在绿色的原野上。

这匹马可真好，飞奔起来时，风也追不上它。

只见那只小花狗大眼睛，白鼻梁，黑嘴巴，小耳朵，尾巴竖得高高的，威风极了。

3. 鱼类　虫类

这对小乌龟刚到我家的时候，不吃也不动，头缩在甲壳底下，像是在跟谁怄气似的。

蟹背是一个青紫色的壳，像古代武士手中的盾牌，非常坚固。

那一条条小鱼儿闪着灵活的身子，飞快地从你手边游过，向远方游去，瞬间，你便会觅不见它的踪影。

当我把一撮鱼食投入水中时，六条小金鱼一改平时慢条斯理、温文尔雅的情态，一拥而上，反应之快，真叫人难以相信。

我走到玻璃缸前，看着里面游动的虾，意外地发现一只虾的头上，有一块红红的斑点，阳光一照闪闪发亮，像一块红宝石，又像一顶小红帽，真是好看极了。

那在网中蹦跳的鱼儿，有肚皮是乳白色的白条；有呆头呆脑的沙河趴；也有滑溜溜的泥鳅……尽管是些小"土"鱼，但从那一张张嘻嘻的笑脸上，可以看出它给农家孩子带来多少乐趣呀！

那鲍鱼，凭借着暗绿色的外壳，紧紧吸在暗绿色的礁缝里，很隐蔽。

海螺背着坚硬的壳，有的在石头上蠕动，有的像一枚螺丝钉楔死在木头里一样，牢固地紧贴着岩礁。

大青虫，这个挺直了像个螺丝钉、蠕动起来像支七节钢鞭的"庞然大物"，竟让一群小小的蚂蚁拦住了去路。

只见一只大蛐蛐，它披着乌黑的盔甲，龇牙咧嘴，样子很吓人。

蜻蜓那薄薄的翅膀像透明的玻璃纸，两只晶莹的大眼睛是由许多小"点"组成的。

这只小壁虎三角形的脑袋上，有一双黑黑的小眼睛，它的四只脚紧贴着墙，一条又细又长的尾巴靠在墙上，它还蛮苗条的呢！

小刚的叔叔从南方给他带来了一只蟋蟀，这只蟋蟀个很大，头黑得发亮，身子是红褐色的，两根长长的黑须不时地抖动。

蚕开始吐丝了。它们一个个昂着头，挺着胸，慢慢悠悠地晃来晃去，吐啊，吐啊，没完没了，好像蚕肚子里有团丝线，永远抽不完扯不断似的。

蜜蜂成群，在透明的绿荫中散播嗡嗡的音波。

蝉是个笨头笨脑的歌唱家，别看它有一个大脑袋，一对大眼睛，扇动着一对亮晶晶细纱一样的双翅，可是连螳螂爬到身后也不知道，却一个劲地喊："知了！知了！"

窗外一栋高楼上，知了歌唱似地叫着，仿佛是在舒畅中发出来的声音。

那只蝈蝈，大大的肚子，长长的腿，牙齿像一把大钳子，亮亮的翅膀像玻璃片儿；还有两条长胡须。

蚂蚁的身子就像三个小球连在一起。它的头比较大，顶着两只触角，嘴好像两把弯钳；胸部有点小，六条又长又细的腿就长在这儿；它的肚子圆鼓鼓的，拖在后边。

1. 飞禽　家禽

家禽　憩息　蹒跚　振奋　秃头　猛扑　喜悦　波纹轻快　卷曲　光
彩　怜爱　享受　哀叫　狡猾　眼馋晶莹　高雅　傲慢　孔雀开屏
百鸟归巢　鸦雀无声　展翅高飞　盘旋滑翔　金鸡独立　夜鸟投林
百鸟争鸣　莺歌燕舞　比翼齐飞　雄鸡报晓　燕穿雀跃　比翼双飞
贴水疾飞　一尘不染　黄鹂歌唱　迎风展翅　鸳鸯戏水　鹦鹉学舌
自由飞翔　伶俐可爱　百鸟鸣叫

2. 野兽　家畜

凶猛　灵活　追捕　笨拙　滑稽　狡猾　轻盈　柔声张望　高贵　浑
浊　温和　神圣　沉静　挑剔　思索　扫视　动作　挣扎　百兽之王
名副其实　摇摇晃晃　心惊胆颤　四肢无力　雄壮威武　大摇大摆
威风凛凛　四蹄腾空　飞跃腾空　油光水滑　春风得意　四肢粗壮
活泼可爱　疾走如飞　连蹦带跳　高高竖起　毛色光洁　性情温和
昂首嘶鸣

3. 鱼类　虫类

游动　翻动　蠕动　爬动　蛹动　产卵　蜕壳　蛆虫　幼虫　成虫
虫蛹　虫卵　鸣叫　益虫　害虫　灵活　吹泡　追逐　鱼虾　蹦跳
飞走　蚊蝇　冬眠　复眼　嗅觉　啃啮　跳跃　翻飞　保护色　爬来
爬去　游来游去　上下游动　嗡嗡地叫　雌雄同体　成群结队　嗅觉
灵敏　攻击对方　珍稀品种

第五章

写作植物好段

1. 君子兰

君子兰以叶、花、果俱佳著称。墨绿色肥厚的剑形叶片，相对排列于花的两旁，挺拔，舒展，威风凛凛，犹如两队持枪的卫士，簇拥着美丽而尊贵的皇后；那独特的伞状花序，宛若一顶华丽的桂冠，端庄秀逸，落落大方。难怪人们赋予你"君子"的美称。

2. 富贵牡丹

牡丹，特具东方花卉的风姿，被人们称为"富贵花"。

牡丹种类繁多，尤以红、白者为上。红牡丹，花蕊金黄，花瓣如红玉，宛如玛瑙托金杯；白牡丹如洁白无瑕的羊脂美玉，素雅而娴静。当阳光映着花丛时，姿影洒地，容颜焕发。那些牡丹，有翘首仰望浮云的，有耷拉着脑袋仿佛喝醉酒似的，还有躲在叶间窃窃私语的……真是千姿百态，超凡脱俗。

3. 万年青

你看万年青那一尺多高的身材，远看去就像古老的金字塔，近看却似一个青罗盖，那粗糙的身躯，顶着密集的枝叶，翠绿的枝叶一层层重叠着，有的蜿蜒向上，也有的垂直向下，这形状再配上那裸露的龙爪似的茎根，仿佛是一条翻腾的蛟龙。再看看枝条上好些绿油油的叶子，叶子大约一寸来长，椭圆椭圆的，映出幽幽绿绿的光泽，使万年青显得更加生机勃勃。它虽无馥郁的馨香，也无红花点缀，只有朴素的绿叶，但它那奇形怪状的样子，却叫人十分喜爱。

4. 月季花

娇美可爱的月季花仰着粉红的小脸羞涩地微笑，闪闪灼人的串红活泼地绽开火红的花蕾。许许多多姹紫嫣红的鲜花在葱绿发亮的嫩叶衬托下显得饱含生机。

5. 扶桑

一股花香飘来，寻香味走去，前面是棵扶桑。它有一根笔直的枝干，约在 10 厘米处分成几个杈，杈上长满翠绿欲滴的叶子，风一吹，像有人摇动许多面小绿旗。在一根最粗、叶子最茂密的杈上，几个含苞欲放的花骨朵当中，一朵粉红色的大花开得十分鲜艳。这朵花呈喇叭状，一层层花如同片片薄纱。花中有红色花芯，那红色花芯的顶端，又都有一粒粒黄色花蕊。整个看来，真像有个穿着连衣裙的金发小娃娃，在一支播放着悦耳音乐的大喇叭里欢快地跳舞。

6. 灵芝

灵芝，又名椵芝，色彩鲜艳，形似蘑菇。菌盖如同猪肾，上面呈赤褐色，有漆状光泽和云彩样环纹，下面淡黄，有很多小孔。菌柄细长，亦有光泽。它多产于深山老林，夏天是其生长的旺盛季节。

7. 仙人掌

仙人掌，嘿，这真是一种生命力顽强的奇特的植物！有水、缺水、天热、天冷……它都满不在乎，它那翡翠似的，长满硬刺的掌状茎一直向上伸着，像叠罗汉似的，一片"绿色的手掌"上面又长出一小片来，重重叠叠，以这个姿势矫健地挺立着。

8. 丁香花

丁香花虽然没有玫瑰、牡丹那样艳丽的色彩与婀娜的身姿，然而却有着胜似它们的浓郁的芳香。每年春季，丁香一开，满院都弥漫着沁人心脾的幽香，傍晚香气更浓。它的味儿是甜的，闭上眼睛深吸一口，就好像到了梦一样的香海中。风儿吹，那幽香被送得很远很远……

9. 樱花

这天，我和爸爸去看樱花。我们进了动物园的大门，随着人流穿过动物区，经过由海棠花树组成的林荫大道，便淹没在樱花的海洋之中了。

瞧！我的前后左右都是樱花。一树树，一簇簇，鲜艳欲滴。每一棵树干都戴着顶美丽的花冠，花枝随着微风摇摆着，青绿的细枝被一个个精巧的花球儿坠得弯下了腰。我忍不住攀一枝细细端详。每个花球都由几十朵樱花组成，软绒绒的，红彤彤的，散发出一股淡淡的清香。盛开的花朵落落大方，花瓣一瓣挨着一瓣，托着鹅黄的蕊。那欲开未开的蕾口，就像熟睡的婴儿微微张开鲜红的小嘴。

10. 蓖麻

一天下午，我又去给蓖麻浇水，发现蓖麻出芽了。我高兴极了，连忙喊："妈妈！妈妈！花苗苗出来了，花苗苗出来了！"我和妈妈仔细观察刚出土的蓖麻芽，两片椭圆形的叶子，中间藏着叶芽，显得那么嫩，那么弱。又过了一二十天，我再去给蓖麻浇水，一看已经不是那个样子了，叶芽长成了许多片叶子。叶子是掌形的，边缘有锯齿，颜色深绿。又过了两个月，蓖麻开花了，有淡黄色和淡红色的，花不大，非常好看。

11．梅花

腊梅开得正盛，几乎满树都是花，那花白里透黄，黄里透绿，花瓣润滑透明，像琥珀或玉雕成的，很有点玉洁冰清的韵致。落花也不萎蔫，风吹花落，很担心花瓣摔碎，那硬挺的样子，仿佛一碰就会伤。但是梅花并不是娇嫩的花，它能在数九隆冬带着雪开哩。"众芳摇落独鲜妍"，天越冷，开得越精神。

12．晚郁香

晚郁香身姿修长，叶儿细长深绿，每当夜幕降临的时候，金黄色的花朵纷纷开放，它的形状像喇叭，在美好的夜晚，它向勤劳的人们散发着醉人的幽香。这香气驱走了夏夜的闷热，把一丝清新的凉意送进人们的心田，抚慰人们进入甜蜜的梦乡。

13．苦菜花

苦菜花，家乡的人叫它"苦苦菜"。长长的叶子，秋天开花，花不大，黄黄的，不娇艳，但却散发着沁人心脾的香气。一到那"碧云天，黄花地"的晚秋，它更能显示出不平凡的品格和风骨。你看，万木萧疏，黄叶飘零，衬映着苍松翠柏的，就是那无数棵苦菜花。秋风中，它们荡起黄色的涟漪，那浓郁的芬芳，令每一个眷恋故乡的人神醉痴迷。它们使故乡的山野变得明亮柔和，变得生机盎然。

14. 杏花

阳春三月，杏花紧跟着迎春花的脚步，翩翩来到人间。那粉白色的花儿虽然不大，但非常多，小巧玲珑，招人喜爱，站在树下，走在路边，嗅着这沁人心脾的花香，望着这朴素淡雅的花朵，不会作诗的人，也会诗兴大发的。

15. 栀子花

栀子花儿是洁白的，硕大的，绽放在绿叶丛中，分外清纯、柔和。而人们从十几米以外就可以闻到它的芬芳。它不同于一般的芳香，饱含清新、甜美。和它们的清甜相比，珍珠霜的香味，俗了，巧克力的甜味，腻了。

16. 花生花

花生的花，一般在7月开。那时青青的花生株上，露出了一点点鲜黄的嫩苞。清晨沐浴着露水，湿漉漉的；中午，反射着阳光，亮晶晶的。不久，小苞绽开了！一朵两朵，娇小而醒目地点缀在万绿丛中。几天后，到了盛花期，你若从花生地边走过，一眼便可见到那些小小的黄花、疏密不等地分布在椭圆形的绿叶中，绿中透黄，犹如翠绿的大毡子上，镶着粒粒金灿灿的宝石。微风吹过，送来缕缕清香，沁人心脾。

17. 牡丹

牡丹花的形状和芍药相似，只是花比芍药大，层次比芍药多。当你鼻尖轻轻地贴在牡丹花上的时候，你就会闻到浓郁的香味，会情不自禁地唱起："啊！牡丹，百花丛中最鲜艳……"

牡丹花的品种繁多，有荟红、豆绿、火炼金丹、烟绒紫等。颜色各异，有红色的、黄色的、黑色的、绿色的等等，真是万紫千红。

这些花虽然说都很好看，但是在我看来还是"火炼金丹"为最美。它初开时是水红色，盛开时喷红吐焰，红光耀眼，似五月的石榴花，又如我们少先队员的红领巾，为红花之冠。花瓣颜色内外一样，盛开时呈半个球形，花瓣80至210枚。花与叶齐平或稍藏于叶，可称珍品。叶子黄绿色，稍向上卷，较厚硬，密生。

18. 青苔

它是那样热爱生命。顽强的小草尚需一点薄土，而青苔除了几滴雨水，甚至没再想求一线阳光。然而它生活得永远那么旺盛，那么充实。……

一场新雨过后，只要有一个绿色生命萌发，紧接着就会有第二个，第三个……成千上万个。一抹青苔微小得使人意识不到它的存在，但成千上万的青苔紧挨在一起，就组成了一片绿色的整体，自豪地宣告着它们的存在。

19. 宝石花

宝石花是一种热带植物。每年春季，宝石花开出五角星似的小白花来，花蕊带点黄色，花瓣尖尖的，缀有几点红斑，色泽虽不鲜艳，叶子倒十分逗人喜爱。每一片叶子都长得厚实、饱满，米黄带有灰色的叶子上有一层白色的粉末。早晨，晶莹的露珠躺在花瓣上，真像一颗颗耀眼的明珠，宝石花叶子交错，重叠地长在一起，形成一只只大花盘。花茎柔软得好像曲线延伸着。每枝花茎上，花盘累累，紧紧相连。

20. 蒲公英

蒲公英的叶从根部长出，边缘呈羽状分裂，几片叶子中间，伸出长长的花轴，花轴顶端便是淡黄色的小花，乍看只是一朵，其实何止一朵。当你蹲下仔细观察，便会发现那淡黄色的小花是由许多小花朵构成的一个花亭。每一个花朵下，长着一个个小果结成一团，就像一个毛茸茸的圆球，真是逗人喜爱。

21. 冬青草

我们教室里有一盆冬青草，它茎长、叶绿。说它茎长，一点也不夸张，要是你把它放在一张课桌上，它那长长的茎都要碰到地面了。说它叶绿，一点也不过分，它那又细又短的叶子，绿得像春天的麦苗。那又细又软的茎往下垂直，要是你把它竖起来，远远看去跟竹子差不多。它的叶子很密，尖尖的像松针似的。

22. 老山兰

爸爸每次慰问演出归来，总要给我一件礼物。那天一早，我睁开睡意朦胧的双眼，一股清香迎面扑来，原来床头柜上新摆了一棵栽在军用罐头盒里的兰花。一眼看去，兰花墨绿的五片叶子宽长挺拔，就像五把锋利的钢剑。那深绿的叶脉清晰可见，梗上五朵紫色的小花香气四溢。这时，爸爸走进我的房间，微笑着说："这是生长在英雄阵地上的老山兰。"

23. 野花

冬去春归，一天我打扫院落，当扫到东墙边时，眼前一亮，只见身着绿装的嫩芽倔强地钻出了地皮。多么熟悉而又陌生的花儿！我蹲下身，第一次仔细地观察它。这株花虽遭人践踏，但它还是"春风吹又生"了。我忆起妈妈的话，想想自己对它的讥笑和偏见，我惭愧得低下了头。至此我才真正了解它，喜欢它了。它的生命力是多么的顽强啊！不畏攀折践踏，不惧霜雪严冬，默默无闻地生长着。黄花啊！你虽没有诱人的芬芳，但你却给人以力量，给人以缕缕清香。第二天，我从地里又移回了几株那样的花，悄悄把它和妈妈栽的野花栽在一起。一回头，我见妈妈抿着嘴正向我微笑呢。

24. 山茶花

我喜欢山茶花，它美极了，有红的、白的、粉红的、紫的、黑色的等等。有的一株树上就有好几种颜色，甚至一朵花上也色彩缤纷。

譬如白山茶吧，那是怎样的白呢？像高山飞瀑溅出的水珠一样晶莹、一样清凉入人心脾，但它又不会刹那消失，难于把握，而是静静地呈现在你眼前，让你欣赏个够；又如那墨茶，如果你以为是一团黑，那就大错而特错了。它像烈日下千尺清潭的深沉，带着波光又带着阳光；那粉红色的就像织女用红霞和白云在天机上织成的轻绡。山茶花的花形也很美，有单瓣的，也有重瓣的，有叠成六角的，也有叠成八角的，大小疏密排列很有条理，即使闭上眼，你也能感受到，美啊……

25. 海棠花

在我家小院靠近窗前的地方，栽着一棵高大茁壮的海棠花。一根根深绿色的花茎亭亭玉立。在茎的节上长着一片片肥大的叶子，正面翠绿，背面紫红，形状既像葡萄叶，又像莲花叶，所以人们又称海棠为"葡萄莲"。海棠的花开在茎和叶柄相接处的花柄上，嫩黄的花蕊，粉红的花瓣，一串串，娇艳俏丽，在叶的衬托下美丽极了。

26. 文竹

文竹长得很挺拔。它的每根叶上不是一片片光滑柔润的叶子，而是许许多多的小细刺。那小细刺是那样纤细，那样柔软；纤细得像兔子毛，柔软得使你不忍去碰它。小细刺毛茸茸的。冬天，手冻了，用手轻轻在刺上摩擦，挠手心，你会痒得不禁"咯咯咯"地笑起来。

27. 桂花

桂花的颜色也多种多样。银桂，白白的，使你感到它纯洁无比；

金桂，金灿灿的，像满天的晚霞。每当你在湖边散步的时候，每当你在公园游玩的时候，每当你在庭院歇凉的时候，每当你在街头巷尾戏耍的时候，每当……总会有一股清甜的幽香扑鼻而来，你会情不自禁地深深地吸上几口气。这时你会赞叹不已地说："真香啊，真香啊！"

28. 迎春花

迎春花，四个小巧的花瓣，十几朵连接在一起，<u>一丛丛</u>，一簇簇，开放在挺拔的枝条上面。远远看去，黄橙橙的一片。当百花还没有开的时候，迎春花却已经张开了笑脸。它们互相紧紧连着，在冷风中傲然开放。天气渐渐转暖，迎春花在微风的吹拂下，抖动着微小的身躯。它招呼草木，叫它们快快发芽长叶。它唤醒百花，催它们赶紧相继开放。一场场春雨下过，草坪嫩，树木青葱，百花争相吐艳，万物生机勃勃。迎春花呢？它那黄色的花瓣，却被暖暖的风吹落了。

29. 梨花

梨花的颜色也是美丽动人的。如果说白莲像俊美少女的皮肤，如果说玉兰像无瑕疵的白玉，如果说月季像月下白雪，如果说玫瑰像在牛奶缸里浸过，那么，我也不愿再煞费心机地找更蹊跷的比喻来描写梨花了，我将斗胆地说："梨花集了一切白色花种之大成，是它们之魁首！"

30. "香祖"兰花

兰花，它以清香质鲜而胜于群芳。它的香既不同于珠兰花的醇香，含笑花的馨香，也不同于玳玳花的异香，因而曾被前人推崇为"香祖"。

31. 菊花

菊花从一人多高的花架上喷涌而出，闪着一片辉煌夺目的亮点儿，一直泻到地上。活像一支艳丽动人的凤尾，一条给舞台的灯光照得烁烁发光的长裙，一道瀑布———一道静止、无声、散着浓香的瀑布，而且无拘无束，仿佛女孩子们刚洗过的头发，随随便便披散下来。那些缀满花朵的修长的枝条，纷乱地穿插垂落，带着一种山林气息和野味儿，在花的世界里，惟有凤尾菊才有这样奇特的境界。

32. 玫瑰

温暖的阳光从玻璃射进来，照在这盆玫瑰花上，花枝似乎在伸展。在花丛中上下飞旋的那只蜜蜂忽然落到花苞上。起初它犹豫了一阵，随后它忽然翘起后身，使劲地把头往花苞的裂缝里钻，好像是决心要吸尽花蕊中的蜜似的。不知它是吃醉了呢，还是睡着了，它再也没有把头伸出来，就在这时候，第一个花瓣张开了，接着第二个花瓣也张开了，第三个花瓣也张开了……看啊，玫瑰花果真开了———开了一朵完整的、粉红色的花！

33. 凤仙花

凤仙花高30多厘米，它的茎有大拇指粗细，有紫色的，有青色的，几个枝杈朝上生长，像比赛似的不分胜负。狭长的绿叶均匀地长在嫩绿的枝上，茂密的叶中点缀着朵朵鲜花。有红的，有白的，还有红白间杂的。只要你用手一捏，凤仙花就会给你手上留下鲜红的纪念。仔细看，在枝条上垂着一行两头尖的绿毛果一样的毛骨朵，毛茸茸的挺好玩。花骨朵快开时，像一只翘着尾巴张着小嘴的粉红色小老鼠，朝天叫着，小蜜蜂在花心里不停地采花蜜，有时不注意会被雨蒙在花芯里。下雨了，雨点打在花棵上，凤仙花好像冷得直发抖；有的花瓣顶不住冰冷的雨点，便从枝上伤心地掉下来。它的茎也变成了紫色，但是它仍顽强地站立着，像显示自己的美丽。雨停了，凤仙花恢复了原来的样子，一阵风吹过，凤仙花洒下一阵清香，随风飘荡。

34. 凤仙花开

凤仙花开花了，一片片粉红柔嫩的花瓣，又细又长的花蕊，活像一群蝴蝶儿。过了几天，我第一个染上了红指甲。看到我献给学校的花秧在校园的花坛中首先开花，点缀着校园，我心里真是美滋滋的。

35. 喇叭花

又过了些日子，小喇叭花枯萎了，结出了小果实，刚结出的果实，像个长圆形的小球。以后叶茎上又陆续长出了花骨朵，一连长出了几个，我想全留着让它们长大，可妈妈说，留多了，会争养分，反而都长不大，我就在近根部只留了三个，其余的全掐去了，并打了顶心，去掉斜杈叶芽。

36. 米兰

米兰的花非常奇特，像葡萄那样一串串的。中间有一根嫩绿的主枝，大约有一寸来长。主枝上又分出无数的小枝，每个小枝上都长了一个小黄球，像小米粒一样。"米兰"的名称，可能就是由此得来的吧，你可别小看这些朴素得像小米一样的花，它们的香气非常浓郁。我家放在三楼窗台上的米兰开花时，从楼下经过的人，都可以闻到一股沁人心脾的清香。

米兰花不像月季那样绚丽，不像荷花那样高洁，不像菊花那样多姿，不像牡丹那样华贵。然而，米兰朴素、常青，它能生活在南国的沃野，也能生长在北方的花盆里。它精心地酿制着馨香，并且尽量把这馨香送到远远的地方……

37. 白薯花

下午，同学送给我一支白薯花。花下衬着宽大的绿叶，花瓣向外翘着，花瓣顶端是白色的，以下都是鲜红的。从远处看，好像花朵外围着一个银链，里边有一团火。从近处看，密密层层的花瓣围成一个不大不小的喇叭形。异常娇艳，叫人忍不住想摸一摸。这朵花旁边，还有两个含苞待放的花朵，多美啊！

38. 紫荆花

秋天，正是紫荆树开花的大好时节，红艳艳的花儿在枝头昂首怒放，红得耀眼。它的颜色是那么浓，那么纯，没有一点儿杂色，简直就像熊熊燃烧着的火焰。

紫荆花不但色美，而且味香。每当紫荆花盛开的时候，花园里总是弥漫着沁人心脾的清香。紫荆花的香味不仅令人陶醉，而且有提神醒脑的奇特作用。有一次，我感到头脑昏昏沉沉，心里发闷，于是我就到外面去透透气。我走到紫荆树下面，一阵香气扑鼻而来，觉得格外清爽，脑子也顿时清醒了许多。从此，每当我学习疲倦时，便到花园里走走，迎面飘来紫荆花芬芳的气息，我的倦意也就慢慢消散了。

39. 紫罗兰

紫罗兰生命顽强，只要求湿润的土壤，冬季能耐摄氏零下五度的低温，并不要人们操多少心。它一股劲地生根、发芽、成长。它长得不高，外表不美，不如"花王"牡丹雍容华贵、娇媚妖艳，但它雅而不俗，散发出淡淡的清香。

40. 虎刺梅

虎刺梅的主茎斜生在土里，看上去是憋足了劲支撑它全部的枝杈、叶子和花朵。面对着它，就会想起立根破岩中苍劲的松树。主茎上生出枝杈来，几乎是平直地向四处伸展，挺拔不弯，更没有一根垂落下来的。主茎和枝杈都是灰褐色的，没有一点打扮和修饰，上面长满了小刺儿，仿佛提醒着人们：别伤害我们，不然的话……

在硬刺和硬刺之间长着许多叶子，是最常见的卵形叶，新叶小，老叶大。每片叶从叶柄到叶尖都是淡绿的，没有光泽，不大引人注目。看来它不打算炫耀自己，难怪人们常用"绿叶精神"来夸奖甘当配角的人呢。

"主角"是花。花柄在主茎和枝杈的上面长出来，花柄上顶着三五朵火红的小花，紧紧地挨在一起。每朵花只有两片花瓣，没有香气，然而在那么多绿叶的映衬下显得很耀眼。一年四季总有花开，而且每一朵花在凋谢之前一直稳稳地站在最显眼的地方，尽力挺直身体，把自己与众不同的美送给每一个看它的人。

41．茉莉

茉莉的茎短而粗，稳稳地挺起枝叶和花朵。它的叶子多得数不清，椭圆形，翠绿欲滴；叶脉发白，却清晰可数。茉莉的花儿从绿叶之间探出头来，显得那么小巧、玲珑、可爱。它的花瓣层层分开，润如玉，白如绢，轻如纱，散发出阵阵清香。还有那含苞欲放的骨朵，也是那么馥郁芳香，仿佛要和盛开的花儿争个高低。白花在绿叶的映衬下，似碧玉盘上镶嵌的颗颗明珠，如蓝天上悬挂的点点繁星。

42．木棉花

红彤彤的木棉花在枝头怒放，像一团团火球在顶上燃烧。木棉花，把南方的绿水青山点缀得斑斓多彩，它红得那么稳重、庄严，那么鲜艳夺目，难怪人们又把它叫做"英雄花"。

43．夜来香

夜来香，碧绿的茎长得非常粗壮，矮的有 1 尺多高，最高的有几米多。狭长的绿叶，交错排列。在主茎和枝杈的上部，每一个叶片的底部都蹿出一个花挺，顶着一个绿里透黄的花蕾。夏天一到，夜来香开花的季节便也到了。晚上大约 8 点来钟的时候，只见它那含苞欲放的花蕾慢慢地，慢慢地张大了，张大了。终于，它完全开放了！那四片小巧玲珑的花瓣是淡黄色的，它们犹如四姐妹紧紧地拉着手，围绕在桔黄色的花蕊四周，构成一朵朵美丽可爱的夜来香！一阵微风吹来，远远望去，夜来香花好像一只只蝴蝶在绿叶丛中翩翩起舞。

44. 金银花

每年初春的时候，金银花那婀娜多姿的花蔓便会迅速地攀在花架上，非常匀称地向四周伸展。猛一看去，那个花架简直成了一堵绿色的墙。到了四、五月份，绿叶丛中缀满了白银似的花，花瓣是白色的，花蕊带点黄色，整朵花呈喇叭状，貌似金针花，但比金针花小。花开了，迷人的香味被春风送得很远很远……随着时间的推移，盛开的花儿逐渐由洁白变成了金黄。这时，"绿色的墙"上黄白相间，美丽极了。真无愧"金银花"之称！

45. 一品红

我们教室宽敞明亮，7个窗台上各摆了一盆花，把教室点缀得非常漂亮。

其中有一盆奇特的植物，叫一品红。

它的茎有手指般粗。叶像倒挂的芦荟。再给你们揭示个小秘密，在这种植物的顶端红红的像花瓣似的东西，其实不是花，而是红红的叶子。

花开得非常奇特，也非常小，仔细观察，发现花芯藏在绿苞中，是红黄两种颜色的，远看像一颗颗珍珠撒在盘子里，又像一只小蜜蜂飞在花上采蜜。

春天，桃花、梨花都开了，一品红还不开花。

秋天，菊花开了，它还不开花，给自己长叶。

冬天，花都落了，它来劲了，长出了红色的叶子，开了红色、黄

121

色的小花。

46. 蝴蝶花美

这哪里是蝴蝶呀！原来是一盆蝴蝶花。这些"蝴蝶"身上有许多斑点，就像好些美丽的装饰品。蝴蝶花的绿茎上，长着嫩绿的叶子。在叶子稠密的地方，绽开着朵朵蝴蝶花，微风吹来，好似千百只美丽的花蝴蝶张开柔美的翅膀，在花丛中翩翩起舞、采集花粉呢。

47. 昙花

昙花开了！在海带状的绿叶坳口间，一枝娇嫩的花蕾正在微微颤动，筒裙似的花托，拢不住丰腴的白玉般的花苞，渐渐地裂了开来；雪白的花瓣从花托中间轻轻地探了出来，一片，二片，三片……接着，成束成束的米黄色的花蕊徐徐绽出，中间一根柱状的白蕊高高翘起……花瓣一层层地分开来，最外一层花瓣使劲往后翘，开成一朵圆形的大白花，借着灯光，只见那白净的花瓣润如玉、白如绢、轻如纱。多么娇媚，多么诱人，多么可爱！真比白牡丹还要美上几倍，我不禁叫道："真美！真美啊！"随着晚风的吹拂，阵阵昙花的香气散发在空气中，沁人肺腑，人们不禁赞叹了起来。"啊呀呀，好香！好香!""这真是昙花一朵香一片呀!"美丽的昙花，以惊人的速度奇迹般地怒放了，悄悄地散发着幽远的清香……

48. 荷花

荷花已经开了不少了。荷叶挨挨挤挤的，像一个碧绿的大圆盘。

白荷花在这些大圆盘之间冒出来，有的才展开两三片花瓣儿，有的花瓣儿全部展开了，露出嫩黄色的小莲蓬，有的还是花骨朵儿，看起来饱胀得马上要破裂似的。

49. 杨花

中午，我在凉台上平视着杨树，猛一看光秃秃的，一点绿芽都没有。仔细一看干巴巴的树枝上挂着一串一串大毛毛虫。"呀！树生了那么多大虫子，怎么得了啊！"我一边喊着一边跑进去问妈妈。妈妈说："那是杨花。"

我让姐姐用竹竿给我打下来了几个"毛毛虫"。姐姐把这毛乎乎的杨花放在我的手里，我觉得手心直痒痒，真有点害怕。它灰色的毛皮，粉红色的小花，一朵朵，一层层，紧紧挤在一起，它们藏在毛毛中，像是怕羞。

50. 桃花

你看，桃树大约有三米左右高，像一把小小的伞。在它那红润的枝条上，开满了美丽的花朵。桃树有开白花和开粉红色花两种。每逢花开之时，每种都不甘示弱，争先恐后地把自己经过很长时间孕育的花蕾开在枝头，一簇挨着一簇，一团连着一团，在春风中欢笑着、抖动着。每朵花的花瓣都向四面绽开，把粉红的雪白的脸含羞面向人们。桃花不但美丽，而且还放出一股沁人心脾的香味。花香引来了一群群蜜蜂，它们辛勤地采蜜，忽高忽低，忽飞忽落，构成了一幅绝妙的桃花闹春的风景画。

51. 夹竹桃

春天，远看夹竹桃，繁花盛开，有的火红，有的桔黄，有的洁白。一丛丛夹竹桃上像撒满珍珠、玛瑙和白玉，十分美丽。秋天，西风萧瑟，娇气的树木纷纷落叶了。但是，一排排夹竹桃顶风傲立，那墨绿的枝叶互相交叉，好像绿色的卫士手挽手屹立在大道两旁。

52. 杜鹃花

看，杜鹃花的花海里翻腾着杜鹃花的波涛！在它们上面，千千万万只彩蝶，扑翅飞翔，美丽地向阳光炫耀。蜜蜂成群，在透明的芳香中散播嗡嗡的音波。生物世界，包括美丽的飞禽，美丽的昆虫以及人类的美丽的少女，无不被这植物世界的最美丽的杜鹃花激起了嫉妒之情。

53. 仙人球

许多大小不一的仙人球仿佛是一个个小刺猬，缩成一团。有一种粉红色的仙人球，身上长满白色的细毛，下面是绿色的茎，好像一个小姑娘，长着粉红色的秀气的脸蛋，穿着绿色的裙子，漂亮极了。

仙人球花像一个长长的喇叭，对着蔚蓝的天空愉快地吹着，那雪白的花瓣活像天鹅的羽毛，美丽又光洁。

54. 牵牛花开

学校的铁栅栏上爬满了牵牛花。

牵牛花，我们这里的人管它叫喇叭花，因为它的花像人们吹的喇叭。花的颜色各种各样，有红的，粉的，紫的，还有乳白的。这些花一齐开放时，再加上绿叶的衬托，远远望去，真像一块块大彩绸，美丽极了！牵牛花总是白天开放，晚上闭合，第二天早上，又迎着朝阳竞相开放了。不知你细心观察过没有，日落后你还能看到开放的"小喇叭"，在晚霞的映衬下，显得格外美丽。

牵牛花是蔓生植物，它的攀附能力特别强，遇到立竿、吊绳、树木等，它就能爬上去。仔细看看，你就会发现它这种特殊的能力全靠它细长的茎，茎的端部有细细的卷曲的茎蔓，随风摆动或自然伸探，触及到竿上、绳上、树木上就能缠绕住，越爬越高，一个劲地向上，从不回头，最高能爬上二层楼。它的新生的叶子是嫩绿的，长大了变成深绿色，像个桃形，俗话说，好花要有绿叶扶，它的花要没有绿叶映衬，也一定显不出那样的媚姿。

我爱牵牛花，爱它迎着朝阳开放，更爱它天天向上、从不回头的精神。

55. 油桐花

油桐花是夏天的号手，春天才去，便鼓动浓密的油桐叶，掀得漫山如醉如痴，只要入得山来，谁也躲不开那逼入眼中的白花绿叶。那白，是掩天盖地的白，那绿，是乎寻深碧的绿，错杂烘替，不肯静止，谁不为之燃起心头热络的火？

56. 玉簪花

一朵花苞钻出来，一个柄上的好几朵都跟上。花苞很有精神，越长越长，成为玉簪的模样。开放都在晚间，一朵持续约一昼夜。六片清雅修长的花瓣围着花蕊，当中的一株顶着一点嫩黄，颤颤地望着自己雪白的小窝。

玉簪花却不同，从不要人照料。只管自己蓬勃生长。往后院月洞门小径的两旁，随便移栽了几个嫩芽，次年便有绿叶白花，点缀着夏末秋初的景致。花开有十几朵，满院便飘散着芳香。不是丁香的幽香，不是桂花的甜香，也不是荷花的那种清香。它的香比较强，似乎有点醒脑的作用。采几朵放在养石子的水盆中，房间里便也飘散着香气，让人减少几分懒洋洋，让人心里警惕着：秋来了。

57. 油菜花

站在村头远远望去，涌入眼底的是一片金色的海！壮硕的油菜们达一米多高，彼此用绿色的手臂搔着痒，微风吹来。都笑得前仰后合。大朵大朵的油菜花，开得肆无忌惮，引得蜜蜂们穿梭般往来，几乎累断了翅膀。

58. 小绒花

这时候，有些女同学就抢着拾起那些粉红色的小绒花，有的把它夹在书页中间，有的把它戴在头上，有的把它压成扇形的，然后当成小扇子玩，真是又香又漂亮。春天，紫荆树长出嫩绿的枝叶，就像一位苗条秀丽的少女。到了夏天，紫荆树的枝叶向四面伸展，把自己变成了一把绿色的大伞，那浓密的枝叶把阳光束得严严实实的，尽管太阳光拼命地往树梢里钻也没有办法透下来。到了深秋，树上开满了鲜艳的花朵，有紫红的，有白的。这时候"植物魔术师"又把自己变成了绣花女，在大绿伞下绣上了美丽的花。

59. 一品红

对一品红，我原先并不怎么太欣赏。乍看之下，总觉得它虽然红得鲜明，但那整整齐齐的薄片，竟像用红纸剪出来的，不比菊花和腊梅那样清雅而又有生气，何况它又并不那么香。

今天，这种感觉却起了变化。倒不是因为它来自城外，比花店里的鲜嫩些；而是它那红光耀眼、充满着生命力的花瓣，顿时使得满屋生春。薄薄的花瓣，远看好像只是"万绿丛中一点红"，近看却红扑扑的连成一大片。不仅那些水仙、海棠黯然失色，腊梅虽赢得三分香，但在它的面前，也不免输却一片红。甚至窗外呼啸着的寒风，似乎也被这鲜红的光采照得减弱了气势。

60. 叶子

在这些植物的大家庭里，我认为还是叶子耐看而富有生气，它们形状各异，大小不一，有的纤巧，有的壮丽，有的是花是叶巧不能辨；叶子兼有红黄紫绿各种不同颜色，就是通称的绿叶，颜色也有深浅，万绿丛中一层层地深一层层地浅，深的葱葱郁郁，油绿欲滴，浅的仿佛玻璃似的透明。深浅相间，正构成林中幻丽的世界。

61. 野菊花

野菊花自有野菊花不惑无悔的性格和气质。她不禁锢自己。有花就尽情地开，有香就尽情地放。这一朵迟迟不肯谢去，那一朵挣出半个脸来就开了，从茎顶，从胁下，一下子冒出那么多花骨朵，仿佛一夜之间被风雨唤醒，就一齐把眼睁开，睁得又圆又亮，再也不想闭去。白天盯住太阳，夜晚盯住星星月亮。那份野性，连日月星辰也只能轮番伺候。她把她金子般的本色毫不掩饰地宣泄成河成瀑，又把药香毫无保留地聚散如云如雾。

62. 小草

小草的根深深地扎进土层，伸向四面八方，可谓根深蒂固、脚踏实地。"疾风知劲草"，小草承受着各种考验。当狂风夹着暴雨疯狂地冲下来时，盆花早已搬进屋里，旷野上的花儿们也急急低下头倚在绿叶上，而小草却无遮盖，一片片、一丛丛傲立在原野上。风吼着卷来，雨箭一样射来，小草绝不向狂风暴雨低头、折腰，它迎着暴风雨，不屈不挠地俯伏着。暴风雨终于弱了，消失了，小草更加郁郁葱葱、生机勃勃。大自然赋予了它们多么顽强的生命力啊！

63. 野草

周围是一片片野草，虽然已是秋天，依然碧绿碧绿的。而在崖坎水边长的都是苦胆草，开着金黄金黄的小花，它虽然比其它花开得迟，却装点了秋色，有着独特的芬芳，格外招人喜欢。

64. 青草

青草从根的地方起都是发了黑的浓绿颜色，草尖在太阳底下闪着金属一样的光亮。到处长满了乱蓬蓬的、还没有成熟的羽茅草；蔓生的常青藤盘旋着，从羽茅草顶上爬过；速生草的结了籽的小脑袋，拼命往有太阳的地方伸出去。有些地方生着矮小的马鞭草，中间稀疏地夹着些马尾草；再走过去又是一大片羽茅草，像湖潮一样铺展开去，当中夹杂着各种野花：燕麦、黄山芥、大戟和陈葛——这是一种喜欢孤独的草，在它生长的地方一定要把其余的草都给驱逐掉。

65. 含羞草

含羞草，它的叶片是碧绿的，由几十片小叶子组成，像一个织布的梭子，中间有一根筋，把小叶子串起来。它的每根枝条上都带刺。手不小心碰上了，就会出血。含羞草真像一个害羞的姑娘，只要在它的叶片上轻轻一碰，它就沿着这根筋合拢来，叶片就会变得很细很细，同时枝条也跟着低垂下来，好像不敢见人似的。真好玩！

66. 韭菜莲

上作文课时，讲台上放着一个浅黑色的水泥制成的花盆，里面长满郁郁葱葱的韭菜莲。丛生的叶儿中抽出一根笔直而顶端又向前倾斜的花杆，顶上开着一朵朵小白花，显得十分耀眼，还有几个花骨朵将要开放。这朵朵可爱的小白花来之不易。在暑假里，花盆在教室内，没有人管理，不仅土壤干燥了，而且也得不到阳光的照射，只有几片枯黄的叶子。在这种情况下，韭菜莲却靠着顽强的生命力活了下来，现在终于开出了一朵朵小白花。别看它小，有它参与点缀我们的校园和教室，为我们的生活增添了乐趣。

我赞美韭菜莲，赞美它顽强的生命力。

67. 茶树

这茶树长得与众不同：低垂着枝条，却分外坚韧；它不像"梅占"徒长而脆弱，不像"毛蟹"繁枝而纤小，不像"菜聪"干巴而龟裂；它硬朗，光滑又不失娇媚，翠绿的母叶托出片片绛红的新芽。

68. "可怜松"

乍一见，在那没有一棵小草的陡峭如壁的缝隙间，生长出这么一棵高不过四尺、粗不过碗口大小的小松树，叫人觉得它挺"可怜"的。可是，牌上介绍它已经有四百多年的寿龄了。是啊，它虽然全身矮小，但是站在那里却挺拔向上。在山脚下仰望"可怜松"时，它那伞一样的躯干横伸出来，霎时间觉得它马上要掉下来似的，其实，你不用怕砸了头，它那小小的树根儿像一个农夫的大手牢牢地抓着那陡壁的缝隙。在微风中，它自由自在地摇摆着小小的身躯，好像向我喊着"byebye"（再见）。"可怜松"既不像大树那样魁伟，也不似鲜花那样艳丽，但是它却有极顽强的生命力。它在与狂风暴雨的搏斗中生长，它在白雪皑皑的冬天依然郁郁葱葱。

69. 红树

红树是惟一生长在海水之中的绿色植物。树干粗糙杂有褐色。它们形态奇特而秀丽，卷曲的树干和交错的地面根，像手挽着手肩并着肩而立，有的像绵羊望山，有的似仙翁观海，有的如龙宫幻影，还有的仿佛猴首狮身。那长短不一的须状根，有条理而又扭曲地扎根水里。

那青翠而秀丽的树冠，宛如一位美丽的绿色仙女，婀娜多姿。在涨潮时，她犹如出水芙蓉，千姿百态，逗人喜爱。如果乘坐小汽船在红树林中畅游，欣赏着海面上飘荡着的片片绿叶，小鸟飞翔其间的别致景色，真犹如来到一个幻影般的世界，令人十分惊奇和欢喜。

70. 茶树

那是一片开阔的茶场，绿色主宰着一切。在层层绿色的波浪中，点缀着彩色的斑点。我头一次拿着竹篓，穿行在一行行墨绿色的茶树丛中，时而那高出人头的茶树将我隐没，时而又被齐腰的绿叶托出……我仿佛飘游在绿色海洋之中，我感受到一个崭新的绿色的世界，身处绿中，眼观绿树，手采绿茶，耳听绿树发出沙沙声，我几乎相信我闻到了绿色的气味。

71. 映山红

映山红的花是粉红色的，每朵有五六个花瓣，像梅花，但又不完全像。花蕊像蝴蝶的须子。花开时一枝挨着一枝，一朵挤着一朵，你不让我，我不让你，楚楚动人。虽然没有蜜蜂为它舞蹈，也没有画眉为它歌唱，可是它一点也不感到寂寞，开得火红火红的，远远地望去，好像一堵红色的墙，和天空连在一起，把天都染红了。

72. 戒台奇松

戒台寺里有六棵著名的奇松，分列在戒台的左右两侧，我开始依次欣赏它们。首先是莲花松，此松并不高，然而枝叶却郁郁葱葱，宛如一枝含苞待放的绿色荷花，亭亭玉立，婀娜多姿。近旁的自在松，头顶着苍郁的树冠，犹如一位逍遥自在的僧人。这边的九龙松，树干分成九段，互相缠绕，直冲云霄，像九条追逐嬉戏的飞龙。再看那抱塔松像一条绿色腰带把一座白色舍利塔拦腰围住，使人称奇不止。活动松是受到乾隆皇帝称道的美松，据说此树一枝晃动，则全树摇曳，别具一格。然而最吸引我的是那卧龙松。此松枝叶并不繁茂，它的动人之处在于它的树干及枝权的奇特的造型。它的树干盘曲着，有着虬龙般的气势；它的根深深扎入土壤，如龙尾；它的树冠冲出平台，悬浮在半空，翘首昂视，则像龙头。它那刚劲的枝权如尖利的龙爪，伸向空中，好像抓挠着什么；这条龙跃跃欲试，仿佛即将起身飞腾入空。

73. 樱桃苗

樱桃苗只有三四条小枝儿，叶子都蔫了，可喜的是那几片叶子还衬托着一颗圆溜溜的小樱桃。虽然只有那么一颗，也并不使我失望，反觉得有趣。那闪闪发光的小樱桃像一粒晶莹的葡萄，又似一颗碧绿的宝石，招人喜爱。没多久，苗返青了，还长出几支嫩权权儿，那颗小樱桃也由青变红了。叶是青的，果是红的，青得新鲜，红得迷人。我常常小心地去摸它，有时竟想张开嘴巴把它一下吞掉，好几次都流出口水来……

74. 香蕉树

细雨如丝，田野里、山脚下、庭院里、路旁、房前屋后，漫山遍野的香蕉树贪婪地吮吸着春天的甘露。

香蕉树的茎圆溜溜的，像黄绿色的柱子，切口是一圈圈的环形。

叶子是深绿色，长大约两米，宽大概是半米左右。叶柄长长的，卷成了柱子似的茎。从整体来看，叶子就像一把翠绿的大扇子。

日子渐渐地过去了，香蕉树也慢慢地长大了。长到两米高的时候，香蕉树便长出了花蕾，花蕾开了，便结出了许多小香蕉。

75. 狝猴桃

狝猴桃是一种野生的藤本科植物。远远看上去，它绿中带黄，在家乡那争奇斗艳的鲜花和郁郁葱葱的树丛中似乎有点儿显得相形见绌。别的树木苍翠欲滴，别的花草娇艳鲜美，它一点也不漂亮。但是它朴实无华，生机盎然，别有一番情趣。

由于狝猴桃是野生植物，经过了自然界千万年的竞争和淘汰，所以它具有顽强的生命力。它常常就地取材，把自己的藤缠绕到别的树木上去。我发现，它好像不太喜欢高大的乔木和低矮的花草，倒喜欢与中不溜秋的灌木朝夕为伴。这也许是因为它太喜欢阳光了吧，躺在灌木上，它可以畅快地吸收阳光。

狝猴桃的叶，近似圆形，在叶子的边缘还有一些细密的锯齿，又小又尖。叶的两面都是绿色的，但却绿得不同，叶面是浅绿，就像春天刚长出的柳叶的颜色，而叶背却是深绿色。上面还覆盖着一层灰色的短毛，远看就像起了一层灰色的浓霜。它的花很小，初白后黄，一点也不显眼。它的果实，也不太逗人喜欢，表皮黄绿色，初出时长着白色的、短短的绒毛，熟时无毛。

76. 银杏树

在离古塔不远的地方，还有一棵硕大无比的银杏树。据记载，这是宋代的古树。它高大、挺拔、器宇轩昂，笔直的树干中间伸出几条有力的臂膀般的枝杈，将密密的树叶撑开，像一柄大伞。晚霞绚丽的光辉慷慨地倾泻到伞形的树冠上，使它更加璀璨夺目，犹如一朵金色的祥云悬浮在暮霭之中。

77．春梅树

只要走进校门，首先扑入视野的就是那株千姿百态的春梅树。远看，它上身披着粉红色的外衣，沐浴在明媚的春光中，显得艳丽醒目；近看，那舒展开的枝条，活像舞蹈演员柔软的手臂，树条上的春梅花又像一串串红色的冰糖葫芦。仔细瞧，有的含苞欲放，像怕羞的小姑娘，涨红了脸蛋；有的还是花骨朵儿，如果它不长在春梅树上，我还以为是一串串红葡萄呢！有的已盛开为粉红的花朵。花瓣有好几层，中间是金黄色的花蕊，红黄相间，色彩明丽。春风习习，春梅花散发出阵阵诱人的清香，沁人心脾，使人心醉。

78．山楂树

远远地便可以看到山楂园那边一片红，红得仿佛一抹灿烂的朝霞，红得好似一团燃烧的烈火。

走近一看，一个个乒乓球大小的山楂挂满了枝头。果实把树枝压弯了，有的一直垂到地面，熟透了的山楂都是紫红的，十分惹人喜爱。

79．花椒树

只要一走进院门，一眼就会看见这棵花椒树。它有五、六米高，浑身疙疙瘩瘩。离地面一米多高的地方，许多弯弯曲曲的枝条向四面八方伸出十来米远。

到了秋天，这棵花椒树给我家带来的是更多的方便和乐趣。9月份，那一颗颗绿球样儿的花椒都变成了火红火红的颜色，在绿叶的衬托下显得越发鲜艳。到了10月，花椒像红豆豆，个个笑咧了嘴，撒下了一粒粒又圆又黑又硬的花椒籽。

80. 荔枝树

荔枝树四季都不落叶，它的叶是深绿色的，呈瓜子形。春天的二三月是荔枝的花期，荔枝树开的花虽不像桃李那样烂漫娇艳，却也质朴可爱。乳白色的花渐渐地变成了淡黄色，一簇一簇的和绿叶相衬，从远处望去，整个荔枝园就像一个黄色的花海，美丽极了。这时节，辛勤的蜜蜂不约而同地组成了千军万马，带着春天的请帖赶到荔乡。蜂儿嗡嗡的叫声，使整个荔枝园都热闹起来了。以后几天，源源不断地送往国内外市场的便是名扬全球馥香喷鼻的荔枝蜜。花凋谢时，地上很快就铺满黄亮亮的一层落花。轻轻踩上去，就会发出"吱吱"的响声。这时候，它的花蒂已经托起一粒米儿大小的果实了。随着夏天的脚步，它也一天一天丰满起来了。

81. 柏树

我校操场北面有一排柏树，像卫兵守卫在办公室前面，树干笔直，直指蓝天。树枝也是直的，并紧紧靠拢，全部向上。树叶短短的、圆圆的，又尖又硬，像根根短针。柏树不仅有刚劲有力的姿态，更有不屈不挠的品质。不管是烈日炎炎的盛夏，还是大雪纷飞的严冬，它都郁郁葱葱，昂首挺胸。它是树中的硬骨头！

柏树下面大，上面小，树顶尖尖的，像一座绿色的宝塔，远看又像一把收拢的绿伞。离更远些看，像一支笔尖朝天的彩笔，倒插在大地上，蘸满绿色的颜料，它是想在蓝天上面画一幅美丽的画呢，还是想写一首动人的诗？

82. 垂柳

说起垂柳，最引人注目的当然是那株姿态奇异的卧龙柳。它卧在湖北岸，像一条刚刚下湖的龙。树干斜着弯弯曲曲伸到湖中。龟裂的树皮，一块块的像是龙鳞披在龙身上。树上还有一些枯枝断杈，仿佛龙爪。再往前看，树干没有了，是龙头钻进水里去了吧！

83. 湖畔杨柳

湖畔那依依的杨柳确是大自然的骄子。风平浪静的时候，杨柳好像一位温顺的长发姑娘，将满头青丝洒向水面。风一吹来，柳枝轻轻地拂过水面，平静如镜的湖面泛起了一道微波，好像一位技术高超的速滑运动员飞快地在冰面上滑行，身后留下一道浅浅的白杠。很快，水面又平静如故了。

84. 苏醒柳树

冬去春来的时节，那些早早落叶的树木迟迟不肯发芽，而柳树却在寒冬的余晖下首先苏醒了。它抖擞精神，使劲地伸展腰肢，像归队的勇士一般，迎着寒冷的风，不顾一切地率先吐翠，披上了焦黄嫩绿的新装，遥盼着小燕儿归来。这时，我们只要抬眼望去，枝梢间笼罩着一层淡淡的烟纱雾幔，那纤细枝条上的一个个翡翠般的嫩芽，悄悄地给人间带来了美好的春的消息。

85. 初春柳枝

柳枝在初春时观赏才最为雅致，远望仿佛是一团淡绿色的烟雾，近看则给人以清新、恬淡的感觉。这时的柳叶柔细纤长，还带着细细的绒毛，像是少女朦胧的睡眼，无怪乎古人称之为"柳眼"。元稹诗曰："柳眼浑开尽，梅心动已阑"，而在李商隐眼里则是："花须柳眼各无赖，紫蝶黄蜂俱有情"，但更妙的还是贺知章的咏柳："碧玉妆成一树高，万条垂下绿丝绦。不知细叶谁裁出，二月春风似剪刀"。不管怎样，他们咏赞的皆是早春的柳。

86. 笔直杨树

杨树笔直、粗壮的树干高过楼顶，我们仰起头来，才能看见它那像大伞似的树冠。这棵杨树特别显眼，不仅因为它高大，而且它有银白色的树干，茂密的绿缎子似的树叶。比起周围的槐树和松树来，它显得光彩夺目。杨树静静地站在操场上，好像一位饱经风霜、慈祥和蔼的老人，低头含笑，兴致很浓地陪伴我们唱歌跳舞做游戏。一阵风吹过树梢，树叶哗哗啦啦作响，多么像老人发出的爽朗的笑声啊！

87. 落叶白杨

秋天，各种花木都凋零了，这片白杨也落叶了。秋风吹过，片片黄叶满天飞舞，似群蝶，又似从天而降的小手帕。我们把它们攒成堆，准备冬天取暖。小白杨虽然没有了碧叶的点缀，但也没有失去昔日的风采，仍然迎风挺立，给我们以启迪。

88. 泡桐树

阳春三月，泡桐树开花了，它的花像小喇叭，粉紫色，顺着树枝，成串成串地指向天空，伸向四周，散发着一股淡淡的清香。许多小蜜蜂在花间钻来钻去，像是在数一数香花有多少。在烈日炎炎的夏天，泡桐树那像葵扇似的叶子平展宽大，绿得那么浓，那么可爱，多像池塘里的荷叶呀！一棵棵泡桐树就像一把把撑开的大伞，严严地遮住了那烤人的阳光，给人带来了凉爽。

89. 苦楝树

远看，苦楝树的叶子是墨绿色的，但走近一看，却变得青绿青绿的了。它的枝干长得挺高，树根到处分杈，树皮上有一些像斑点似的斑斓黑纹，就像斑马身上的斑点一样。当你剥开它的皮来尝一尝，就可以知道它的皮是苦的。也许"苦楝树"就因此得名的吧！

90. 大合欢树

盛夏时节，大合欢树的叶子开始变得繁茂了，比春天密得多了，也绿得多了。到了6月，大合欢树上开出了许多粉红色的小绒花，就像一个个粉红色的小绒球点缀在绿叶丛中，使大合欢树显得美丽年轻起来。一阵清风吹过，那粉红色的小绒花像一个个小降落伞似的从树上飘飞下来。

91. 泡桐树

我们家门前原栽有两棵树，一棵大楝树和一棵泡桐树。那棵楝树已长了十年，又粗又壮，而那棵泡桐刚栽下不久，只有一个茶瓶木塞那么粗。一年后，泡桐树长到墨水瓶那么粗了。那年夏天，我们家砍了那棵大楝树，楝树倒下来时，把这棵泡桐树的一大块皮从主干的头一直刮到了树根，把树干也压弯了。常言道：人有脸，树有皮。如今树没了皮，怎么活？于是我们家也没对它抱什么希望，随它好了！可是它居然活下来了，在完全没有人的爱护下活下来了！我记得邻居们常把竹杆支在它的枝桠上晒衣服什么的，把它本来就弯的身躯压得更弯。三年后，它还是那么粗，但毕竟活着。它忍受着不该忍受的一切，默默地积蓄着它的营养。看，今天的它，竟是这般粗壮、这般笔直、这般挺拔！它身上的皮已长起来了，可是却留下一道深深的痕迹。它身上创伤斑斑，是以前一些小孩用刀在它身上刻的，那些刀迹随着它的长大而变化，慢慢模糊起来……

92. 顽强的松树

寒冷的冬天，鹅毛大雪在空中飞舞，凛冽的寒风呼啸着猛烈地摇摆着松树。大片大片的雪花往松树上落，它的枝丫上积满了厚厚的雪。风和雪都想征服松树，但是，松树以它顽强的毅力一次又一次地战胜了风和雪，等待着春天的到来。

93. 很高的香椿树

香椿树很高很高，足足有两层楼高。树冠郁郁葱葱，覆盖着整个院子。夏天骄阳似火，我们的小院却树影婆娑，显得十分凉快。我们在树下做功课、打扑克，有时爷爷奶奶在树下喝茶聊天，爸爸妈妈在树下看报谈心。

94. 长嫩芽的香椿树

谷雨前后，香椿树钻出一簇簇的嫩芽，这可是北京人最喜爱的"鲜货"了。炸香椿鱼、香椿拌豆腐、香椿豆、香椿炒鸡蛋还有香椿拌面条，都让人垂涎三尺。刚刚把枝头幼芽摘光，不几天又钻出来了，红红的，嫩嫩的，那么鲜亮可爱。采香椿啦！爸爸用长竿去钩，一枝枝幼芽像雨点似的落下。我端着塑料盆去捡，一会儿就装了满满一盆，把它分给邻居和朋友们尝鲜，谁都夸它嫩，夸它香。

95. 高大丹枫

从温泉上山，一路所见有苍翠的峰峦、褐色的峭壁等等，而最引人注目的还是那一株株高大的丹枫。沿途只见峭壁间挺立着棵棵丹枫，枝繁叶茂，犹如覆盖着朵朵红云。而散生在常绿林中的枫树，有的高大挺拔，像旌旗飘扬；有的纤细娟秀，似鲜花朵朵，愈发显得鲜艳可爱，风韵动人。学校操场北面有一排柏树，像卫兵守卫在办公室门前。它的树干笔直，直指蓝天，树枝也是直的，并紧紧靠拢，全部向上。树叶短短的，圆圆的，又尖又硬，像根根短针。柏树不仅有刚劲有力的姿态，更有不屈不挠的品质。不管是烈日炎炎的盛夏，还是大雪纷飞的严冬，总是郁郁葱葱、昂首挺胸，它是树中的硬骨头。

96. 桂花树的嫩枝

每当春雨绵绵的时候，雨像落叶一样轻，像牛毛一样细，像线一样长，密密地洒向大地。这时桂花树伸展开它的嫩枝，一片片椭圆形叶子在蒙蒙细雨中欢笑着。桂花树的嫩叶刚刚长出来时，是红色的，远看像一朵红花点缀在绿叶丛中。渐渐地又变成嫩绿色的，生长很久的叶子则是墨绿色的，看上去使你感到很舒服。每当天高气爽、秋风习习的时候，桂花盛开了。它的花朵很小，由四瓣合成，中间有几丝花蕊。然后又由几朵小花构成一丛丛、一簇簇的花球长在花枝上。

97. 开花的苹果树

清明刚过，苹果树的枝头上就长出了无数花骨朵。花骨朵呈浅红色，是那样鲜艳，那样可爱。随着天气变暖，花骨朵逐渐长大。4月下旬，苹果树上的花和其它花儿一样，争先恐后地开放了，一眼望不到边的苹果园变成了花的海洋。远远望去，红彤彤的一片，春风一吹香飘万里。这无边的花海，不但招来了成群的蜜蜂采蜜，也招来了成千上万的游客来观赏拍照。

98. 醒了的梨树

阳春三月，像牛毛一样的细雨催醒了熟睡中的梨树，使它欣欣然张开了惺忪的眼，贪婪地吮吸着大地的甘露。嫩绿的树芽在微风中舒展着筋骨，努力地向上伸长着，伸长着。含苞欲放的花骨朵也仿佛眼馋了，也都随着争先恐后地开放。那梨花真多啊！多得仿佛天上的星星数不清；那梨花真香啊！香得让人一闻到它的芳香就会陶醉其中。

99. 柿子树

当春暖花开，细雨如丝的时候，柿子树贪婪地吮吸着甜美的甘露，舒展着嫩绿的枝芽，一片片椭圆形的叶子，在雨雾中欢快地伸展着。五六月间，棵棵柿子树挂满了青色的小果实，一天天长大，真惹人喜爱。

100. 柿子

远方而来的客人，当你迎着微微的秋风，走进素有"聚宝盆"之称的商洛山中时，你的眼前会呈现一排排、一簇簇圆形的树头，交错的枝杈，橘红的阔叶果树，从远处望，它们仿佛是一把把撑开的雨伞。这时，你准会说它们是枫树呢！可是当你走近前细瞧，就会发现那些红色的叶子当中，还长着一嘟噜、一疙瘩、一串串玛瑙似的圆果实，红的火红，黄的泛金。那就是我们商洛山区的特产——柿子。

101. 荔枝树

荔枝树在春风中悄悄发芽了，嫩绿的叶子探出了披针形的小脑袋，新奇地望着周围美好的春光。经过春雨的滋润，阳光的照耀，椭圆形的树叶茁壮成长起来，在阳光的照耀下，油光发亮，十分逗人喜爱。

102. 核桃树

金色的秋天悄悄地来临了。树杈上满是核桃，就像一盏盏碧绿的小灯笼。当它们咧开小嘴的时候，核桃就成熟了。人们用竿打核桃，劈里啪啦核桃不停地从树上掉下来。人们忙得满头大汗，看着一个又一个又大又圆的核桃，看着一筐筐丰收的果实，人们打心眼里高兴。

103. 无花果树

无花果树长得非常茂盛。浅棕色的树干，左右分枝，向上伸展着，上部长着碧绿的叶子。早晨，初升的太阳发出灿烂的光辉，无花果树在阳光下舒枝展叶，好像和我一起做早操。下午放学后，我坐在无花果树旁看书，它默默地陪伴着我学习……无花果树上的无花果是怎样结出来的呢？你瞧，它先在叶子底下长出了绿色的小豆豆，渐渐地，这颗小豆豆长大了，最后长得和核桃一般大小，那就是成熟了的无花果了。无花果从长出小豆豆到最后成熟，一直躺在叶子里，显得很"谦虚"，好像还带着几分"羞涩"哩！无花果树孕育果实的方法真是别具一格！

104. 石榴树

5月初，石榴树上长满了含苞欲放的花蕾。又过了几个星期，花蕾终于开放了。它们露出火红火红的笑脸，在绿叶的衬托下，异常美丽。近看，它们的花瓣薄薄的，呈五角形，像一个个小喇叭；远看，像点点星火。花凋谢后，枝上挂满了小果实，它们圆圆的，非常可爱。

105．橘树

远看，山坡上千株万株的橘树，树干苍劲，迎着飒飒晨风，傲然挺立。金黄的橘子沉甸甸地缀满枝头，好似迷雾里的火球，又像是顽皮的小孩扒开绿叶，露出圆圆的小脸，一个劲地向你点头微笑。近看，棵棵橘树，像撑开的大伞，树干粗壮而笔直，树叶浓密，葱郁茂盛，成片成林。它们在晨风中轻轻地摆动着，好似站着队欢迎你的到来。

106．杨梅树

来到山脚下，我们就看到那齐腰深的杨梅树，树上挂着绿色的大大小小的杨梅果。摘一个尝尝，呀，真酸！到了半山腰，那绿茵茵的杨梅树，一丛丛，一簇簇，满山遍野都是。杨梅果密密麻麻地挂在枝头上，成熟的杨梅也多起来了，特别是向阳一面的山坡上，成熟的杨梅更多了。只见一颗颗熟透了的杨梅果，镶嵌在翡翠般的绿叶丛中，红的、黄的、乳白色的……像珍珠，似玛瑙。累累的果实，把树都压弯了。

107．槟榔树

槟榔树的树干笔直笔直的，像大象的腿一样粗。树干上有一圈一圈灰褐色的花纹，那是叶脱落的痕迹，数一数有多少圈，就知道掉了多少片叶子。槟榔树深绿色的叶子很美丽，像鸡舒展的羽毛，每棵树有七八片大叶子，合起来像个巨大的鸡毛毽子。仔细瞧，在叶子中间有一根浅绿色的杆子，它像一支火箭正对着蓝天，好像正要起飞似的，它是卷着的嫩叶。槟榔树的花长在叶柄底下，浅黄色，每一朵花像一颗珍珠，一串串往下垂，像珠帘一样，十分好看。

108. 佛手树

佛手是一种绿色的小乔木，小的有 2 米高，大的有 3 米高。枝刚长出来的是紫红色的，长大了就变成黄绿色。叶片是绿色，呈椭圆形，叶片最长的可达 15 厘米，前端圆钝，基部为阔形，边缘像锯齿，叶柄很短。花是白色的，呈酒杯形，有 5 瓣。花可分单性花和两性花，单性花细、长、小，不能结果；两性花粗、短、壮，能结果。果实如手，形态逼真，甚为美观。虽然都像手，但姿态各异：有的像伸开的手指，有的像紧握的拳头，有的又半伸半握像个空心拳。果子嫩的时候呈黄绿色，成熟了就变成金黄色了。

109. 葡萄树

春天来到了，细雨蒙蒙，葡萄树从沉睡中苏醒，贪婪地吮吸着春天的甘露。光秃秃的枝条上钻出新芽，先是嫩红的，后来不断扩展，由嫩红变成了浅绿，又由浅绿变成了深绿。叶子的中间好像是一座高大的山峰。叶子的两边好似山脉。叶子的边还有很多锯齿。这时，新抽出的枝条上长出了蔓，蔓先是嫩红的，后来也变成绿的了。弯弯的蔓头，虽然钩了架子，但不费力就休想把它拉下来。五月来到了，葡萄树开花了。淡黄色的小花，一簇簇，一团团，发出浓郁的芳香。花渐渐地落了，在开花的地方留下了粒粒翡翠般的葡萄。这时，葡萄树非常需要水，我和妈妈经常给它浇水，使它有充分的营养供给自己的果实。这时，葡萄树已经很茂盛了，叶子一片挨一片，不断延伸的蔓子，攀在架子上，组成一个绿色的棚子。每天吃过晚饭，我们全家就坐在棚子下乘凉、聊天。

110. 红豆树

第二个春天，红豆便崛起了，长出了许多新枝，狭长的叶子绿油油的，密密麻麻，树冠像一把小伞。开花了，它的花很小，总躲在叶子背后，像害羞似的。雪白的花瓣，杏黄的花蕊，俯身一闻，还有一股淡淡的香气。一些花儿刚败去，一些花儿又开了，在败去的花托上，长出了一颗颗绿莹莹的小豆豆，晶亮晶亮的，像许多小珍珠。秋天到了，那一颗颗碧绿的小豆豆变红了，就像许多美丽的珊瑚珠镶嵌在绿叶丛中，真漂亮呀！到了初冬，牡丹、月季、倒挂金钟等都早已销声匿迹，惟有红豆，枝条越发挺拔，傲然挺立在花园中，一颗颗红豆豆火一样红，在它身上也显示出傲霜斗雪的精神！

111. 槐树

我常常想念奶奶门口那棵老槐树。那棵老槐树可大啦！我们三四个小伙伴手拉着手还搂不过来呢！春天来了，槐树绽出了新芽，树叶儿先是豆粒儿般大，接着是硬币样儿大，风吹过来，哗哗作响。一串串乳白色的花朵，开满了枝头，绿白相间，美极了，香极了。我和小伙伴们常常用钩儿钩下一嘟噜一嘟噜的槐花，尝尝鲜儿，甜极了！

112. 落叶

秋天，顺手拾起一片落叶，叶片上鹅黄色的底儿泛着淡青色的光

146

彩，色调是那样自然、和谐。叶面上脉络清晰，有条不紊，宛如整齐的图案。叶边的小锯齿儿，像无数个"人"字，规格十分别致。叶柄深黄，略略涂着一些红晕。揉碎了放在鼻子下闻一闻，一股泥土的幽香沁人心脾，引出无限的向往……

113. 竹

竹林中，一根根亭亭玉立的竹子，遮住了阳光，空气十分清新，人们走进竹林仿佛到了"凉爽世界"。阵阵"叮咚"的溪水声，伴随着风吹竹叶"沙沙"的声音，奏成了一曲美妙而动听的歌曲。

114. 紫竹

紫竹，顾名思义，就是紫色的竹子。它的叶子又宽又长，中间深深地凹下，像一叶小舟。紫竹茎一节一节，花骨朵就长在顶端节上。紫竹长了小骨朵，一个个簇新嫩绿，逗人喜欢。没过几天，紫竹开花了，每朵花儿有三个花瓣，是淡红色的，中间有六根黄色的花蕊儿。一朵朵小花散发着一阵阵幽香，沁人心脾。

115. 剑麻

剑麻的样子十分奇特。远远看去，仿佛一只淘气的大刺猬玩累了，蜷成个大刺球，一动不动，正呼呼大睡呢！一片片翠绿狭长的叶子，仿佛一把把锋利的宝剑向外刺出，这大概是它名字的由来吧！金针一样的叶尖，十分扎手，那是它自我保护的武器。

每年九月，"大刺球"中间抽出一根一米多高的花杆，十分粗壮。

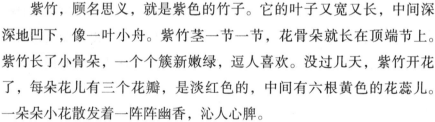

花杆上缀满了淡绿色的花骨朵儿，犹如一个个毛笔头儿。不几天，"毛笔头儿"似乎蘸足了墨水，饱胀得像马上就要破裂似的。金秋的阳光下，花杆上的花骨朵自下而上地开放了，一朵朵乳白的花球倒悬着，好像一盏精致光洁的小吊灯，又似一串串小巧玲珑的风铃。微风拂过，传播赏花人的声声惊赞。

校园花木众多。剑麻虽没有雪松的挺拔、一品红的艳丽、菊花的多姿，却也默默美化着校园，秋天带来一丝悦目，冬天带来一线生机！

116. 柿子树

当春暖花开、细雨如丝的时候，柿树贪婪地吮吸着甜美的甘露，舒展着嫩绿的枝芽，一片片椭圆形嫩绿的叶子，在雨雾中欢快地伸展。

五六月间，棵棵柿树挂满了青黄色的果实，奇形异状，真惹人喜爱。"出头"像个娃娃头，"净面"好像墨水瓶，"蜜罐"如同小圆球。

从夏到秋，随着季节的变化，柿子也由小到大，由青变黄，由硬变软，由涩变甜。我最喜欢吃"蜜罐"红柿，当它熟透的时候，吃起来犹如蜂蜜。如果没熟透，你嘴急想吃，咬上一口，涩得你嘴里难受半天。

117. 杨树

一棵高大挺拔的白杨树立在村头，直耸云霄，像一杆旗。我记事时，展开双臂去抱，才抱得住树干的一半。树身挺直，我站在树下，望着那滑溜溜的又粗又高的树干，听着树叶在半空哗啦啦响，心想若能爬到上面，能看见远处几百里的光景，那该多好，可是，又怕上去下不来，就没敢上去。那是力争上游的一种树，笔直的干，笔直的枝。

它通常是丈把高，像加过工似的，一树内绝无旁枝；成为一束，绝不旁逸斜出。它的宽大的叶子也是片片向上，几乎没有斜生的，更不用说倒垂了；它的皮，光滑而有银色的晕圈，微微泛出淡青色。这是虽在北方风雪的压迫下却仍保持着倔强挺立的一种树！哪怕只有碗那样粗细，它却努力向上发展，高到丈许。

118. 榕树

虽说这棵大榕树有近百年之久，但它总是那样茂盛。一根根粗大的树枝蜿蜒盘旋，千姿百态。一片片叶子紧挨着，想从叶子间的空隙看到树的顶端那是不可能的。那些叶子像一把大伞遮住了阳光。它的树干很粗，三个和我一样大的孩子伸直胳膊手拉手，才勉强把它抱住。

119. 橡树

路边上立着一棵橡树。它大概比城林的桦树年龄大十倍，比它们粗十倍，高两倍。那是一棵大树，它的合围有两抱粗，显然好久以前它的一些权子已经折断，它的皮上也现出了瘢痕。它生有不匀称地伸出的、不好看的大胳臂，又生有多结节的手和指头，它像一个古老的、严厉的、傲慢的怪物一般站在含笑的桦树中间。

120. 梅

多美的一朵梅花啊！瞧，那翡翠般的碧叶丛中洁白的花朵，在碧叶的衬托下，看上去，它是那样素洁高雅，纤尘不染。梅花的花蕾中长着几簇细长的花蕊，嫩黄的颜色，让人看上去好似古代凤冠上的宝珠一样闪闪发光。梅花的外貌是那么大方，那么充满生机，叫你不能不刮目相看。它的香味更别有风格，似乎渗透到每个空气分子，熏得人都要醉了。在这寒冷的冬天，这是多么坚强的花啊！

121. 沙枣树

沙枣树，是我们沙漠地区很普通的一种树，要论模样，它并不漂亮：深褐色的树皮，乌绿色的叶子，既不像参天白杨那么茁壮、挺拔，也不如垂柳那样亭亭玉立、婀娜多姿。但是，它朴实无华，又耐瘠薄。当狂风铺天盖地而来时，它们手拉手、肩并肩，组成一道铜墙铁壁，使一望无际的麦苗免受袭击，给塞外披上一层碧绿的新装。

122. 桃树

这株桃树大约有三米多高，粗粗的主干上分出无数条枝丫，枝青叶绿，像一把巨大的伞。微风吹过，树头轻轻摆动，好像在跳舞。

每年春天，粉红色的桃花竞相开放，满枝头都是花，太阳一照，闪耀绯红色的光彩。蝴蝶在上面跳舞，蜜蜂在上面采蜜。

夏天，桃树上结满了果实，颜色是青的，好像用碧玉雕成。

123. 野蔷薇

小河边长满了野蔷薇，有的含苞欲放，有的舒朵张瓣。颜色有粉红的，有雪白的，星星点点，在微风的吹拂下，好像是彩色的蝴蝶，飞快地拍打着翅膀，又像调皮的小星星，快乐地眨着眼睛。美丽的花朵，碧绿的叶子，映在清清的河水中，我真疑心自己走进一个童话般的仙境。

124. 枇杷树

枇杷树的树干很粗，看上去有几十岁了。它的根须牢牢地扎在泥土里，任凭风吹雨打也毫不动摇。

枇杷树的树杈很多，这儿一根，那儿一枝，一根粗的上面再长根细的，一枝直的上面还长几枝弯的。它们粗细不一，形态各异，十分好看。

树杈上的叶子密密麻麻，这些茂盛的叶子终年葱郁，惹人喜爱。深绿色的老叶，黄绿色的新叶，相互映衬，格外美丽。椭圆形的长叶，光闪闪的叶面，叶背却是毛茸茸的。奶奶告诉我，枇杷叶也是一味中药。我想"枇杷膏"之类的止咳药肯定是枇杷树的功劳。

树枝的颜色与众不同，远远望去是棕黑色的，近处看看却是褐色的，也很漂亮。

125. 山楂树

初夏，山楂树开花了。看，它们三三两两挤在一起，开得那样热闹。虽也有喜欢独处的，但多数都像在比赛，从枝头到枝尾开了一大串。站在山顶眺望远方，那一片片的山楂林像一片片粉色的雾。山楂的花谢了以后，树上挂满了绿色的小豆豆，这就是山楂的幼果，幼果慢慢成熟了，先变成了淡红色的，随后变成暗红色。到了秋天，山楂和桂圆的大小一样，只是遍身长着黄色的小点点。

冬天来到了，山楂树上挂满了玛瑙似的红果，整林的山楂像一个个红色的小灯笼，悬挂在枝头、枝间，叫人看了直流口水。

126. 枫树

在我们面前矗立着一棵高大的枫树。这棵树像一个顶天立地的巨人，又像一个威严的哨兵，粗且笔直的树干直插云霄。树尖上，那一簇簇红了的枫叶像一团团火焰。登高从上往下看，树干像一把特别的"大红伞"，十分有趣。

127. 龙眼树

在我们闽南人看来，龙眼树是很普通的树。不论山间田野还是房前屋后，只要有水土的地方，就可以看到它的踪影。它的树干不像白杨树那样挺拔，也不像白桦树那样光滑洁白。它的枝条蜷曲虬蟠，表皮粗糙皲裂——传说这就是龙身变的。而它的叶片，据说就是龙鳞，既不像白杨的叶子那样精巧，也不如枫树的叶子那样红艳动人。龙眼的果肉洁白嫩滑，而它那黄褐色的圆形果实的外观却没有苹果、石榴那样娇艳红嫩。龙眼树盘根错节，坚实高大，绝不像弱柳那样随风轻飘。当暴风雨来临时，它仍然挺胸昂首，顽强坚定。它具有极强的生命力，只要从它身上截取一小段分枝，就可以培植出另一株枝叶繁茂的龙眼树，而且不需要人们日日为它浇水施肥，就能茁壮成长，结出丰美的果实。它的心灵尤其美好，总是乐呵呵地向人们奉献出自己全身的宝物：它的果实是美味的水果，它的躯干是坚实的木材，它的叶子是极好的燃料，就连人们吃剩的果核也仍然可作酿酒的原料。

128. 老桑树

就在这土岗子的正脊梁背上长着一棵老桑树。这棵桑树有多少年了，谁也不知道，只见它又粗又高，树身弯弯曲曲，树脑袋也只剩下了半个，好像一个驼背的老人，佝偻着身子，歪着头站在那里。走近了只见树皮开裂，浑身是疤，露着白光光的身子。虽然这样，它每年还是长出又肥又大的桑叶，结成又红又甜的葚子。

129. 苦楝树

我家门前种了一棵森树，也叫"苦楝树"，我特别喜欢它。因为它长着高高的树干、密密的树叶，开着雪白的小花。从远处看，那一簇簇雪白的小花就像是天上落下的一片片雪花。它的叶子是墨绿色的。你从远处看它是这样，但你走近一看，它其实是青绿青绿的。它的树干长得挺高，树根到处分权。树的皮上有一些像斑点的黑纹斑，就像斑马身上的斑纹一样。若你剥开它的皮尝一尝，就可知道它的皮是苦的。也许"苦楝树"就是由此得名吧！森树的皮虽然苦，但它的用处可多啦！

130. 桔树

远看，山洼里、山坡里、山坡上，千株万株的桔树枝干苍劲，迎着飒飒晨风傲然挺立。金黄的桔子沉甸甸地坠在枝头上，好似迷雾里的火球，又像是顽皮的小孩，扒开绿叶，露出圆圆的小脸，一个劲地向你点头微笑。近看，棵棵桔树像撑开的大伞，树干粗壮而笔直，树叶浓密，葱郁茂盛，成片成林。它们在晨风中轻轻地摆动着，好似站着队在欢迎你的来到。

131. 枸杞树

枸杞是灌木植物，树身矮矮的，枝条并不粗，但上面有许多锋利的小刺。会摘枸杞的人，能巧妙躲开它，不被它刺伤。一到春天，枸杞树就发芽了。长大的叶子又窄又短，很稠密，是深绿色的。到了六月初，枸杞树就开花了，有黄的，有白的，有紫的，花很小，形状有点像沙枣花。开花时节，走进枸杞园，看着那茂密的绿叶中绽开着各种颜色的小花儿，别有一番情趣。

132. 黄桷树

我家的左边有一棵高大的黄桷树，约有五丈高，有七八尺那么粗。它的树枝，有的粗，有的细，有的向下垂着，有的向上撑起，无数的枝丫像小娃娃的手指似的向上生长。黄桷树四季常绿，可到了夏天，它却有半个月时间，一反常态飘着金黄落叶，但用不了几天又会长出嫩绿的叶子来。黄桷树好像一把绿色大伞，有时一阵大雨来了，我们便急忙跑到黄桷树下避雨。这时你可听见树上有什么鸟在叽叽喳喳地叫唤，循声望去，你会发现树上原来有一个大黑点，那是喜鹊在树枝和树杈之间垒成的窝。小喜鹊在叫，它们一定是饿了，真是"黄口无饱期"。高大的黄桷树是鸟的"天堂"，黄桷树下则是我们的乐园。

133. 杜仲树

杜仲树在我的家乡到处可见，是一种极为平常的树。它们有的生长在肥沃的田野里，好像覆盖大地的绿毯；有的生长在蜿蜒清澈的小河边，为小河增添了幽静的浓荫；有的生长在房前屋后，形成一层碧绿的帷帐……杜仲树啊，你生长在家乡的每一个角落，为家乡增添了翠玉般的色彩。

134. 樟树

屹立于村前的樟树有上百年的寿命。它枝叶繁茂，那四季绿的树冠张开的巨网，覆盖在村子的上空。那粗壮的树枝盘绕弯曲，像一条条待飞的长龙。木桶般的树身虽然中空了，却铮铮似铁。树底下盘根错节的树根深深地扎在泥土里，有的还隆起在地面上。褐色的树皮犹如战士身上的盔甲。

135. 苹果树

一转眼，到了六月份，一棵棵挺立的苹果树上开满了银白色的小花，宛如一个个白色的小喇叭，在微风中一颠一荡，奏出了生机勃勃的歌。白色的小花在暖洋洋的阳光下散发出一阵阵扑鼻的清香，使人陶醉。

盛夏时节，满树的花慢慢凋谢了。花儿谢了以后，树上结出一个个小小的绿色的果实，它们降生到大自然的怀抱，个个眉开眼笑。你如果太馋了，摘两个放进嘴里，这下可糟了，它呀，又苦又涩。千万别怪苹果无情，这可是你的错，因为苹果还没成熟呢。

炎热的夏季过去了，瓜果遍地的金秋来临了。苹果朝阳光一面的颜色由绿变红，阴面仍是绿色，这红绿相间的颜色美丽极了。熟透的苹果吃起来又脆又甜，味道美极了。到了这个时节，我常常蹲在树下，摘下甜甜的苹果吃。

136. 桂花树

春暖花开，万木争春。桂花树那又粗又黑长满青苔的枝干上也悄悄地长出了许多嫩芽，那颜色真绿得可爱。随着时间的流逝，小芽在阳光雨露的滋润下慢慢地长大了，抽出几片绿绿的小叶。晚春时分，小叶长大了，也显得更绿了。

137. 老榆树

大雪纷飞了，老榆树像一位巨人，站在风雪中，傲然挺立。鹅毛般的大雪落在它的头上，西北风像一头猛狮向它扑来，仿佛要吃掉老榆树，一次、两次、三次……老榆树用它那顽强的意志，战胜暴风雨，它多么像战斗在云南边防上的英雄啊！

138. 芒果树

芒果树是一种常绿的热带果树，它树形美观，是良好的绿化树种。芒果肉质细嫩、香甜，深受人们喜爱。其果实含糖、有机质、蛋白质和多种维生素，尤其是维生素 A、C 含量最高。芒果除鲜果可食用外，还可以加工成糖水罐头、果片、果汁、果酱、果脯和果干等。芒果叶和种子可以入药，幼叶可以作染料。

小寒时节，当祖国的北方还是"千里冰封，万里雪飘"的时候，芒果树已悄悄萌动孕育；到了三月，芒果树全都开出了淡淡的小花；六七月份芒果成熟了，一串串芒果挂满枝头。芒果的品种很多，果实有大有小，大的近 2 公斤，小的只有 10 几克。果形有圆形、心脏形，还有长椭圆形、椭圆形、纺锤形……芒果像傣族人民一样能吃苦耐劳，它不但能经受烈日的烘烤、经受风吹雨打的考验，就是40℃的高温也在所不惧。它靠扎进土壤深处的根吸收营养和水分，就是长期干旱，仍然硕果累累。

139. 枣树

枣树生长很慢，碗口粗的一棵要七八年才能长成。枣树的枝条多为生满针的虬枝，很少有柔长或挺拔的枝条。它的叶子是深绿色的，呈爪子形。

每年桃红李白之后，枣树才从一冬的沉睡中渐渐醒来。起初，它一点也不忙于抽枝发芽，而是先睁开它的眸子，悄悄地打探春天的信息。当它确信春天无疑已经来到的时候，才勃然抖擞精神，不几日便抽出铜钱大小的叶片来。枣树的花不像桃李那样灿烂鲜艳，它的花色于嫩黄中融进些淡绿，别有一番质朴可爱之处。起初枣花无声无息地开在绿叶掩映之下，几天后，它便发出甜丝丝的、醉人的醇香。

当第一缕秋风吹起时，枣树是最先察觉到的。哦，到收获季节了，是把果实献给人们的时候了，于是，树冠上的每一片叶子都开始无私地把自己的青春奉献给将要成熟的果实，那一片片小巧玲珑的绿叶，逐渐失去了它的光泽，由绿变黄了……这时候，一颗颗枣儿先是由微黄变白，渐渐地又由白变红，紧接着，挂满枝头的是一个个红的"玛瑙"，这时候，倘若站在树下顺手摘一颗熟透的枣儿放进嘴里的话，你会觉得满嘴都是异样的香甜。

140. 椰子树

岛上的椰树又高又直，树干又粗又大，而且是深褐色。叶片又大又绿，像人伸出的手掌。绿叶下边长着一个个大椰子。椰子是棕色的，圆圆的，上边长有许多棕毛。但你知道吗？椰肉是雪白的。椰肉吃起来可有味了，还特别香。用椰子做出的椰蓉面包等美味食品，大家都非常爱吃。

141. 柚子树

春天也是柚子树开花的季节，那一朵朵雪白雪白的小花挂满了枝头、树梢，轻风拂过，送来了柚子花散发出来的阵阵浓郁的芳香。那香味，给人们带来了春天的信息；那香味儿，引来了一群群勤劳的小蜜蜂；那香味儿，使人如痴似醉，站在柚子树下，犹如置身仙境一般。

142. 菠萝树

炎热的夏天来了，此刻的菠萝树已不是昔日的菠萝树了，那嫩嫩的叶子和一排排的"针"都变得又硬又锋利了，它就用这些"上帝"赐给它的天然武器来保护它的"宝宝"。这时，在菠萝树的中央结了一个像松树球的小菠萝，要是您仔细一观察，就会觉得它像一个宝宝躺在摇篮里一样。

金色的秋天是我最喜欢的一个季节，因为许多水果都成熟了，菠萝也是其中之一。您用刀子慢慢削去被夏姑娘吻得青一块、红一块的菠萝皮时，就会有一股香味向您袭来，那鲜黄的果肉水灵灵的，那淡黄色的果汁就像下小雨一样"嘀答嘀答"地往下滴。拿起一瓣，一嘴咬下去，"哇噻"，真是美味可口、无法形容。这里的菠萝不仅好吃，而且还畅销国内外。用它的果肉可以做菠萝罐头，用它的果汁可以做甘甜的饮料……菠萝的贡献可真大呀！

143. 丝瓜

丝瓜的生命力极强。它无论在什么环境下都能生长。你在石缝里、墙角下或是贫瘠的土地上随便撒上几粒种子，浇上点水，没过几天，它就会长出嫩绿的芽来。丝瓜耐高温耐潮湿、耐旱耐涝，也耐贫瘠耐肥。只要你在它身旁扎上几根绳子或几根木棍，它就会攀援而上，苗壮地生长起来。

丝瓜的主根又粗又长，侧根又细又短，像一根老鼠尾巴露在草丛外面。它的茎有笔杆那么粗，上面长着根根卷须，不断地攀着绳子往上爬。有时，绳子不够用，它还会得意地爬到邻居的凉台去"顽皮"。它的叶子宛如一个个摊开的手掌，分成五个叉。它的花不算太美，先是鹅黄色的蓓蕾，再有金黄色的花朵，大大咧咧地伸出桃花似的五个花瓣，引得一群蜜蜂围着它不停地打转。后来花根便长出毛茸茸的小丝瓜，一条、两条……

瞧，那小丝瓜多好玩，身上穿着葱绿的"外衣"，像条小香肠，又像个小胡萝卜挂在瓜蔓上。盛夏到来，丝瓜的叶子长得又密又浓，也比以前大多了。坐在丝瓜架下，茂盛的叶子挡住了强烈的阳光，真凉快！再看那些丝瓜，不像以前那样娇嫩了，它们长得又粗又壮，比黄瓜还长，身上仍然是翠绿翠绿的。

144. 哈密瓜

哈密盛产水果，特别是出产人人喜爱的哈密瓜。八九月份，人们最喜爱的哈密瓜就上市了。这时，你走上大街，瓜摊、瓜棚多极了，令人目不暇接。瓜棚里的瓜堆得像小山，品种繁多，令人眼花缭乱。

首批供人们品尝的是早熟的黄蛋子瓜，皮呈金黄色，圆溜溜的，老远就散发着诱人的香气。它皮薄，瓤又甜又面，最受老年人的青睐。那形似鸡卵、皮呈黄绿色的瓜，名叫"红心脆"，切开后露出红红的瓤，吃到嘴里又甜又脆。

145. 冬瓜

冬瓜可称得上瓜中的佼佼者了，它的个儿特别大，最大的重达十几公斤，形状如炮弹，暗绿色的，瓜皮上密密麻麻布满了裂纹，虽其貌不扬，却集中了各种瓜的优点，不但肉厚、汁多、味甜，而且保鲜期很长。听瓜农说，他们的冬瓜可以储存到寒冬腊月，"围着火炉吃瓜"对他们来说已不是什么稀罕事了。

146. 黄瓜

浅绿色的藤有半尺多长，就好像蚕吐出的丝紧紧地抓住草绳。每棵都是这样，它们好像在比赛，看谁爬得高！

叶子长得很好，没有一处重叠的。小叶子是圆的，不，是三角形的，不，叶子的形状到底是什么样，我也说不清楚，总之，它们非常好看。大叶子呢？就像小孩的手掌一样，真招人喜爱。叶子非常绿，就好像要流出油来似的，青翠欲滴。

黄澄澄的黄瓜花有5个瓣，好像一把小号正欢快地演奏着。花的里面有花蕊，花蕊上有如胭脂一般的花粉。

正在这时从棚上掉下来几颗晶莹透明的小水珠，掉在黄瓜叶上，水珠立刻由透明变成翠玉一般，美丽极了。

在花的下面长着一只小黄瓜，大约有小手指那样粗细，10多厘米长，小黄瓜上面有小毛刺，碰一下不怎么扎手。

147. 西瓜

啊！一个个又大又圆有名的"郑州三号"绿皮西瓜立即呈现在我的眼前。大西瓜一个个安详地躺在地上。真多啊，看得我眼花缭乱。大伯走进瓜田，东拍拍，西弹弹，左瞧瞧，右看看，终于选出了一个足有10公斤重的大西瓜。大伯来到瓜棚，一边切西瓜一边乐呵呵地说："昨天，我给首都机场送去3万斤西瓜，足足装了3大卡车，不然还有比这更大的呢！""嚓"，瓜被切开了，薄皮，沙瓤，黑籽，真是名不虚传的"郑州三号"！大伯递给我一块，我急忙接过来，咬了一大口，啊，好甜哪！一股又凉又甜的西瓜汁立即流进了我的喉咙，真是惬意极了。我吃了一块又一块，鼻尖、嘴角都沾满了西瓜籽。

148. 南瓜

碧玉球似的小南瓜也诞生了。它们都长着尖尖的小嘴，慢慢地小嘴咧开了，笑了，笑容满面，金光灿烂。

南瓜娃娃渐渐长大了，从玻璃弹子般大小到拳头般大小，再长成碗口般粗细。这时的南瓜肉滚滚、胖乎乎，全身嫩绿嫩绿的；剖开来看，黄津津、水汪汪、粉嫩粉嫩，正好炒着吃。我们家乡的人爱吃嫩南瓜，把南瓜切成片，放到油锅里炒，再加韭菜和调料，就成了一盘油光光、亮晶晶、香气扑鼻的家常小菜了。

烈日当空，南瓜棚下却十分阴凉。我们就仰卧在睡椅上，用手指指点点地数南瓜。这会儿南瓜已由嫩绿变成乌黑，再从乌黑转为桔红。老南瓜有的躺在棚上，像裸露着的"天蓬元帅"的大肚子；有的从棚上坠下来，活像一盏盏节日的大灯笼。看着数着，心里那个馋呀，恨不得马上就吃到嘴里。烤着吃，好香好香；晒干吃，好甜好甜；与绿豆同煮后凉了吃，又面又甜又清凉。还有南瓜子，古代不是用它来形容美女的脸形吗，如果炒着吃，满屋都是香气。

149. 芒果

芒果的种类很多，有象牙芒果、三年芒果、阿佤芒果和大树芒果。不论哪一种都非常可口，而以象牙芒果为最好。它果实大，有的有一公斤重，体形细长、美观，尾部肥胖，头部微小，嘴微向胸前倾勾，形状像个"大象牙齿"。它皮薄、肉厚，且细嫩多汁、味道鲜美、蜜甜清香、甜而不腻、营养丰富，是果中珍品，被誉为"果中之王"。

150. 红菱

红菱有两只或四只微微向上翘的硬角，像金元宝似的。它披着水灵灵的青里透红的外衣，显得十分玲珑可爱。剥开红菱的硬壳，便露出白嫩白嫩的菱果，咬上一口，又鲜又脆。我常常一连吃20来个还嫌不够。如果把鲜嫩的菱果切成一片片的，放在油锅里一炒，再加点糖、盐、醋，吃起来既酸又甜，别有一番滋味。

151. 杨梅

端午节后，杨梅树上挂满了一个个小果实，圆圆的、青青的，那一枚枚小刺硬硬的。这时的杨梅只能透出一阵阵诱人的清香，若要贪吃摘几个，放进嘴里一咬，就有一股酸酸的涩味散布在牙缝里，酸得使人眯起眼来。不过不要紧，过一段时间，杨梅渐趋成熟，刺也渐软，杨梅的颜色便由青变淡红，由淡红变深红，最后几乎全黑了。看，杨梅树上到处挂满了红红的、紫紫的、圆圆的果实，为家乡增添了不少欢乐、不少生气。

152．杨梅

　　杨梅圆圆的，和桂圆一样大小，只是遍身长着小刺。等杨梅渐渐长熟，刺也渐渐软了、平了。摘一个放在嘴里，每一根刺平滑地在舌头里翻转接触，使人感到细腻而且柔软。杨梅先是淡红的，随后变成深红的，最后几乎变成黑的了。它不是真的变黑，是因为太红了。你只要轻轻咬开它，就可以看见那新鲜红嫩的果肉，嘴唇上、舌头上，同时染满了鲜红的汁水。

153．小石榴

　　小石榴的枝杆是椭圆形的，一片片叶子像一叶叶小舟。小石榴的花在六到七月之间开放。刚刚形成的小花骨朵是朱红色的，看上去像一个个红色的小葫芦。过一段时间，花骨朵儿开了，绽出一朵朵火红色的石榴花。红色的花瓣中探出一个个米黄色的花蕊。过些时候，花渐渐地谢了。花的下边慢慢鼓了起来，由绿变红，这就是石榴。在强烈的阳光照射下，石榴裂开了薄薄的果皮，露出了一颗颗像珍珠一样晶莹透明的籽儿，美丽极了。

154．水蜜桃

　　水蜜桃的颜色先是青的，渐渐泛白。到了熟透时，皮变得白而嫩，水灵灵的透明发亮，里面的水汁像要喷出来似的。桃子先是椭圆形的，上面长满了绒毛。这绒毛十分怪，只要手摸到它，一会儿，手便会发痒。桃子渐渐地长熟，毛也褪掉了，形状也由椭圆变成圆头带尖的了。一个个像胖娃娃似的，红着脸，扒开树叶，俏皮地偷偷地向人们笑。

155. 赤豆

他偷偷地扒开泥，往底下望望，哈，赤豆全都鼓鼓地破皮出芽啦，黄黄的、嫩嫩的，多美啊！它们正在向上钻呢！

下了场春雨，一夜之间，就像约定了似的，赤豆苗一齐长出了地面。远远望去，碧绿的一排排，又整齐，又鲜艳，把大家都逗乐了。

156. 沙果

我家有一棵又粗又高的沙果树，茂盛的枝叶向四面展开，就像搭起了一个绿色的凉棚。

春天，果树上开满了雪白雪白的花朵，引来许许多多的小蜜蜂，又招来许许多多的花蝴蝶。

花落以后结满了一串串的小果子，像一个个黄绿色的小球。

小果子慢慢地长大了，有黄的，有红的，这时的沙果就成熟了，这正是我们小孩子大饱口福的机会。看，李三丫吃得顺嘴角流口水，张二妞狼吞虎咽，小馋娃吃得鼓起了大肚皮，我的牙被酸倒了，都不能吃饭了。

157. 杏儿

青青的杏儿，轻轻咬一下，会酸得你直流口水；等到变黄变红，就会软软的，甜甜的，略有点酸味儿，咬一口，直沁入五脏六腑，使人陶醉，直叫人吃不够。

158. 小枣

小枣长得特别快，两三个星期过后，小枣就长得像莲子那么大。这时，小枣由青绿色变成淡绿色。我们孩子见了，就会嘴馋，路过树边，顺便摘几个放进嘴里，可是没有甜味，只觉得滑溜溜的。再过半个月，枣子由淡绿色变成淡白色。这时，有点儿甜味了。可是，还不好吃。要是到了夏末的时候，那树上一串串的，沉甸甸的，全红的、半不红的、淡红的、裂开缝的、没裂开缝的，随便摘一个放进嘴里，都是蜜甜蜜甜的。我们家乡人枣子见得多、吃得多，所以选枣子的经验也丰富。不论大人还是小孩，都知道最好吃的是那深红而又不裂开缝的枣子。

159. 马铃薯

马铃薯是椭圆形的，皮是土黄色的，身上长着好几个小坑坑。削掉皮，它就露出淡黄色的身体。我们烧菜时吃了几个，剩下两个一直没吃，把它们忘了。今天妈妈忽然想起它们，拿起来一看，呀！每个坑坑里都长出了小芽芽。芽芽的颜色是淡黄色的，和它的肉差不多。小芽的身体胖胖的，头尖尖的。每个小坑里长着几粒小芽，聚在一起，像一朵黄色的小荷包，小巧玲珑。

160. 笋

这天，爸爸掘来不少笋，我就争着去剥。这不光因为嫩笋鲜美可口的味道吸引了我，还因为我想再研究研究它。我一边剥，一边把笋壳一张一张整整齐齐排在地上，接着又剥第二棵，第三棵……数一数笋壳，都在四十张左右。这使我回忆起：有一次，我在竹山仔细地数了数竹子从底到顶的节数，几乎每支竹都是四十节左右，只是竹节长短不同罢了。我请教了爸爸，才知道原来一张一张笋壳裹着的笋节就是竹节，笋长成了竹子，笋节就成了竹节了。

161．甘蔗

阳春三月，埋在地下的甘蔗嫩茎发芽了。刚长出的蔗芽犹如竹笋一般，外面是一层灰黑的硬壳，像铠甲一样保护着里面的嫩芽。

十几天过去了，甘蔗长出片片狭长的、约有一尺长的绿叶。随着叶片的增长，甘蔗的茎也一节节变长变粗。到了五六月份，甘蔗的茎已有小孩的胳膊粗，样子很像一根没有分枝的竹子，一节节的，每节都有叶腑，每个叶腑都长有两三片蔗叶。蔗叶是灰绿色的，长而狭窄，像一条条绿色的丝带。风徐徐吹来，甘蔗就像个亭亭玉立的姑娘挥舞着绿丝条在跳舞。

162．"红星脆"

"红星脆"，这种瓜长一尺左右，小的有两三公斤，大的足有五六公斤。皮大多是淡绿色的，大的一头上面有许多不规则的纹迹，好像刀子割过晒干后的白杨树皮。那淡黄色的长条花纹均匀地分布在瓜皮上，开瓜时就顺着花纹来开。切开瓜，将排列整齐的长约一厘米左右的白色瓜子拨去，就可以吃了。瓜肉最上面一层是淡红色的，靠近瓜皮的地方变成了淡黄色。红星脆的味道很奇特，拿上一块切好的瓜立刻有一股清香扑鼻而来，用舌头舔一下瓜心，甜滋滋夹杂着股酒味，使人顿时馋涎欲滴，吃起来更是又甜又香又脆。吃完后，好长一段时间，嘴里还留存着那诱人的清香。

163．萝卜

萝卜紫里透红的茎又粗又壮，叶子长得绿油油的，就像大公鸡的尾巴。咦，萝卜娃娃探出了小脑袋，我猜想，它大概要看看秋天丰收的景色。我使劲地拔呀，拔呀，拔呀，终于把萝卜拔出来了，它那又红又圆的小脑袋上，还扎着一条小辫子呢，真可爱啊！

164．蘑菇

蘑菇的样子就更多了，有的像草帽，有的像雨伞，有的像朵花，还有的像含苞待放的花骨朵……真是千姿百态。

165．草莓

每年四月，天上下着濛濛细雨，漫山遍野火红的杜鹃，五颜六色的野花，竞相开放，争奇斗艳。这时草莓也熟了，一颗颗，一串串，圆滚滚，红艳艳，仿佛是盏盏红灯呢！红红的草莓挂在枝头，又像一张张山村的小姑娘涨红的小圆脸，羞答答地隐藏在枝叶的后面，睁着一双好奇的眼睛，悄悄地打量着周围的一切。该去摘草莓了！我和小伙伴好容易盼到星期六，吃过午饭我们就结伴上山了。啊，满山的草莓在微风中扭着腰肢跳舞！一阵阵浓郁的香味扑鼻而来，我们像一群小鸟似地散开了。

166. 白蒜

家乡的白蒜可大了，扁圆形的身子长得胖乎乎的，似乎快要把身上的"衣服"给顶破了，给人以一种精神饱满、积极向上的感觉。当把它的那件薄薄的"衣服"拿去时，便会惊奇地发现，原来这么大的一个白蒜是由七八个"兄弟"组成。它们好像是一个和睦的大家庭，紧紧地簇拥在一起。望着它们，就使我想到"团结力量大"这句话的含义。

167. 蒜

我在窗前的花盆里种下了十几瓣蒜。

几天过后，皮儿裂开了，从里面钻出了小嫩芽，它是黄绿色的，好像张开的小嘴里伸出了小舌头。又过了几天，黄绿色芽儿变成了翠绿色，像韭菜叶一样，扁而长。蒜苗儿越往上长越绿，在6厘米处，分出了一节，那节又分出了两个杈。这两个杈原来好像是合在一起的，它们中间都有槽，好像要把阳光、雨水都收藏进去。

168. 枇杷

枇杷一般依照果皮和果肉颜色深浅不同，分为红沙、白沙两大类。红沙果皮呈橙黄色，所以古人把枇杷喻作"金丸"，如：宋祁诗"树繁碧玉叶，木叠黄金丸"，陆游诗"难学权门堆火齐，且从公子捡金丸"等。白沙果皮呈浅黄色。

169. 桃叶橙

尝尝桃叶橙吧！柄上有五角星，头上有小圆晕的就是。因为它的树叶和桃树叶差不多，因而得名。吃桃叶橙应像吃桔子那样，用两个大拇指对着小圆晕一拉，分两半，再分成四块。分四口吃下去，才会体味到桃叶橙的真味道：蜜甜，而且水分多。

170. 桔子

成熟的桔子跟苹果一般大小，全身有些小"疙瘩"，有的红彤彤，有的黄澄澄。把桔子剥开，一片片月牙似的桔瓣，聚在一起活像个小灯笼。你若掰下一片，咬一个洞，一股又酸又甜的桔汁便流进了你的嘴里，冷冰冰的，吃下去心里好不痛快。

171. 辣椒

这一串串红彤彤的辣椒，在阳光的照耀下，远远看去好像是一束束火把，把整个村庄装点成了一幅美丽的图画。

172. 芹菜

芹菜长在泥里，清洗干净以后露出白生生的根和绿绿的茎。一大截脆嫩的茎上，长着翠绿的叶子。它的根像龙须，叫人越看越爱看。芹菜可嫩着呢，那茎好像轻轻一碰就会断。你若不信，请随便拿一根洗净的生芹菜，轻轻一折，茎就断了，茎内便会溅出一粒粒细小透明的水珠，小水珠清清的、凉凉的，十分逗人。

173. 脐橙

最著名的要算脐橙了。您瞧，这个大的、有"肚脐眼儿"的，就是脐橙。一个足有半斤重。剥开它，您会发现大果肉里还孕着一块小果肉，送进嘴里，清香纯正，甘甜如蜜。您放心地品尝，没有一粒核籽。如今，我们家乡建立了脐橙种植基地。收获季节，脐橙堆积如山，车辆、轮船把家乡的脐橙运往全国各地，还出口呢！

174. 土豆

我急忙跑过去看，原来有一个土豆，长得活像一只老牛，宽厚的嘴巴，胖墩墩的身躯，尾巴藏在圆乎乎的屁股下面，脑袋上还好像长着犄角，活灵活现，真够神气的。

175. 雪梨

初秋，一个个小雪梨像调皮的娃娃似的，从梨树叶中探出头来，仿佛急着要看一看外面那奇妙的世界；仲秋，小雪梨渐渐就成淡黄色，上面还有许多小点儿，好像镶嵌了一层芝麻；金秋 10 月，大雪梨像金钟一样垂挂在枝头。人们迎来了一个沉甸甸的秋天，也迎来了一个金灿灿的世界。采摘的，挑选的，装箱的，运输的，果园里车水马龙，到处是欢声笑语，好一派繁忙景象。

176. 西红柿

西红柿不但味道鲜美，还含有很多的营养成分。它有柠檬酸、苹果酸、蛋白质、矿物质等。西红柿在维生素的含量方面是蔬菜水果中的第一名。在炎热的夏天，吃上一个冰镇西红柿，就会觉得非常爽口，舒服极了。

177. 菠萝

今天妈妈买回一个菠萝。菠萝的形状像地雷，外表是青黄色的，皮上还有小刺呢。里面有黄色的肉，闻上去香喷喷的，吃起来甜极了，像吃蜜糖。

178. 菱角

菱角在北方是少见的。它的形状很多，有的像牛角，有的像元宝，在菱角快成熟时，颜色青绿中泛着微黄。菱角喜欢潮湿，十分怕旱。这就是它只能在温暖湿润的湖泊河沟扎根，而不能去干燥寒冷的北国安家的原因。

菱角在水底下种，从种下到结果要经过好几个月。每当中秋节，人们在喜悦中摘下丰硕的果实，煮上一碗，一家人边吃边聊，那真是别有一番情趣。

179. 橄榄

橄榄的皮儿是绿色的，嫩果呈浅绿色，果子呈梭子形。橄榄，是家乡有名的特产，外地的人也特别爱吃。橄榄丰收的季节一到，许多外地的车子赶来，一筐一筐地装上车，运往各个省区。

家乡人都爱吃橄榄。上班、上学、干农活时，放几个在嘴里，刚吃着有些苦味，但回味久长，叫你吃了一颗还想吃。有时候放在杯子里泡几颗来喝，顿时觉得心清气爽，精力倍添。吃了橄榄水或橄榄，还能清热解毒。

180. 大红枣

我的家乡在陕北枣乡。

每当秋季，大红枣成熟的时候，川道里、山坡上、小河畔、大路旁，满山遍野都是枣林。树上挂满了大红枣，像一颗颗红玛瑙。整个村庄笼罩在一片红云之中。

大红枣的种类很多，有条枣、团枣、灰枣、木枣、脆枣、滩枣、狗头枣等。滩枣的枣丝很长，能拉好长好长，味道特别甜。

听爸爸说，红枣含多种维生素，健脾、强身、补肾、安神，是一种上等补品。如果你去谁家做客，主人一定会拿出最好的大红枣招待你。遇上灾荒，大红枣就是人们的粮食，人们叫它"铁杆庄稼"。

181. 葡萄

夏天，葡萄藤上结出一串串青青的、小小的葡萄，最后，葡萄长大了，变得紫茵茵的，可动人啦！我尤其喜爱雨后的葡萄。

下过一场雨，迷人的葡萄就像洗过澡似的全身光滑油亮。我忍不住摘了颗青葡萄，放进嘴里面，酸酸的，凉凉的。而紫葡萄又酸又甜。葡萄水灵灵的，雨珠滚落在葡萄上，像一颗颗清凉的珍珠，又透又亮，谁见了谁喜欢。你用手轻轻一碰，雨珠"嘀嗒"落在手里，啊，好凉好凉！不仅凉在手上，还凉到了心里。抹在脸上，散发出葡萄的清香，放在嘴里尝，还有一种凉爽的感觉呢！

182. 莱阳梨

满山坡的柿子树上挂满了像灯笼一样的柿子。葡萄架下马奶子葡萄晶莹得像渗透了油，房前屋后的苹果羞红了脸。五龙河畔的万亩梨园没有忘记五龙河的哺乳之恩，让每棵梨树都结出丰硕的果实，这就是莱阳梨。莱阳梨含糖量特别高，肉质鲜嫩，甘甜如饴，清香可口，具有润肺、化痰、止咳之功能。

183. 板栗

板栗长在树上，成熟后，像一个个绿刺猬，用脚踩开刺壳，便可见里面一个个包着褐色壳的板栗，用热水把板栗烫一烫，剥开壳，那黄澄澄、粉嫩嫩的肉便呈现在眼前。板栗生吃，肉嫩而带有甜味。板栗煮熟后烧鸡味道最佳，会使您吃了还想吃，赞不绝口。

184. 桂圆

桂圆的颜色是棕黄色的，和绿色的树叶形成鲜明的对比，一束束又大又圆的桂圆，像一串串的葡萄。当你摘一颗桂圆剥开表皮时，便会看到一层乳白色的果肉紧紧地贴在一粒黑而发亮的核上。这种核像龙的眼睛一样，怪不得人们把桂圆叫"龙眼"呢！当你把桂圆凑近嘴边时，用手一捏，桂圆就"哧溜"一声滑进嘴里，轻轻一咬，鲜甜的汁水灌满了嘴，甜津津的，细腻爽口。

185. 荔枝

　　荔枝有一件奇特的外衣，外衣是由许多细小的块状裂片镶成的，这些块状裂片好像龟甲一样，所以称它龟裂片。它的外衣一般是深红色或紫色，"绛囊"、"红星"、"珊瑚珠"就是人们因它的外衣颜色而送它的美称。它的体形，一般是心脏形或圆形，体重随品种定，有的10多克到20多克，有的四五十克，甚至达60克。脱去外衣，就能看到很薄的内衣，人们管它叫膜，除去膜便是果肉了，是白色的半透明的，其味甘美、芳香，适宜生食。

186. 罗汉果

　　到了秋末，罗汉果成熟了，已经长到有一个小拳头那么大了，又圆又青。这时就可以把它摘下来，经过人们的加工烤干，罗汉果就变成紫黄色的了。罗汉果主要的价值是壳。你要是图个方便，吃的时候，可以把罗汉果的皮弄碎，放到热开水里泡一下，喝上一口，一股甜蜜蜜的味道马上进入你的口中。爸爸告诉我，罗汉果不但可以当茶喝，还能止咳润肺当药用；它不但受到国人的喜爱，还远销到东南亚各国去呢！

187. 银梨

中秋时节，银梨树上挂满了大大小小的果实。它的外形扁圆扁圆的，与苹果的形状相似。它总爱"三只一群"、"五只一伙"地生长着。开始，果子的颜色呈浅绿色，后来颜色变黄了，来到这里的人们一看就会想到山区人民的生活一定比蜜甜。

走进果园，微风阵阵，你还可以闻到一股股清香，当好客的主人把又大又甜的银梨送给你品尝时，你就会知道银梨皮脆、水多、味甜，可口极了。银梨确实可与北京鸭梨媲美。

188. 樱桃

天晴了，樱桃开出了一朵朵美丽的粉红小花。黄色的花蕊上，有许多的花粉，微风一吹，散发出阵阵浓郁的清香，引来了许多蜜蜂和蝴蝶。

"五一"过后，樱桃树上结满了果实。那樱桃的形状和颜色都十分惹人喜爱。

成熟的樱桃，圆圆的像小白兔的眼珠一样，看着它使人直流口水。

樱桃的颜色开始是青的，渐渐变红了。有一次爷爷摘樱桃，我看见樱桃有的一半红一半黄，就问爷爷："樱桃为什么一半红一半黄呢？"爷爷说："红的一半是太阳照射的，黄的一半是因为叶子挡住了阳光。"

圆圆的樱桃惹人眼馋，我摘了一个放在嘴里，边吃边点头，"啊！

樱桃味道真甜呀！还带一点酸味，真好吃"。

189. 山药果

到了七八月份，山药果藤上长叶柄的地方悄悄地开了花，又悄悄地结出了一个个山药果。中秋时节，小山药果差不多都熟了。近看，就像一只只极小的肉色的小刺猬挂在青藤上；远看，就像一只只小铃铛挂在绿色的幔布之中。每当风儿一吹，成熟的山药果便落了下来。"啪、啪、啪、啪……"这清脆的响声犹如鞭炮炸开似的，给人一种吉利的感觉。

190. 柠檬

家乡的柠檬，树干呈黑褐色，叶子茂密、油亮，四季常绿。这些柠檬一般株高5米，枝叶覆盖直径4米，仿佛一把把绿绒大伞。柠檬一年四季都能开花。春、夏、秋三季均能结果，果形椭圆，两端尖。刚结的果是青的，等到成熟便呈黄色，表面有一个个的小疙瘩，摸上去十分光滑。它色泽油亮，一个个黄澄澄的，远远望去，那一个个金黄色的果子，仿佛绿海中一颗颗闪亮的珍珠，黄绿相间的色彩又像少女裹着的时装，美丽极了。

191. 香蕉

过了几个月，香蕉树上结满了一挂挂的大香蕉，每挂香蕉都有10

几公斤重。人们把一挂挂的香蕉从香蕉树上砍回来，然后切成一束束用香火熏。一只香蕉像一弯新月。未熟的香蕉是绿色的，硬巴巴的，味道十分苦涩。用香火熏熟的香蕉是绿黄色的。撕去果皮，露出了米黄色的、惹人喜爱的果肉。果肉新鲜而细腻，香滑可口，营养丰富，含大量的维生素，大人小孩都爱吃。

192. 新疆哈密瓜

哈密瓜不像西瓜那样娇气，它喜欢阳光，不怕干旱，也不需要什么复杂的管理技术。河边草地上生长着一种名叫"苦豆子"的植物，下种以前，在土坑里窝一把苦豆子，就是哈密瓜最好的肥料。新疆人喜爱哈密瓜这种强悍、质朴的性格，说它根扎在苦豆子上，吃得苦中苦，方得甜中甜。

193. 百合

刚出土的百合活像子弹头，尖尖的，裹得紧紧的，使劲钻出草层。到了小满节气，百合茎已有一尺多高，叶子已由浅绿变成深绿了，这时可以摘百合头了。摘掉百合头，数天后，在茎与叶之间的节上又长出一颗颗黑色的百合籽。等到百合籽长得和蚕豆一般大小时，人们就开始采摘百合籽。大伙儿用簸箕装着，用小棒一颗一颗把百合籽敲下来。敲下来的百合籽可以吃，也可以制成百合粉。那时地里的百合已经分秩，也是百合生长最好的时期。大约到大暑，百合开始落叶。到了立秋，开始挖百合，人们把一部分做种的种到别的田野，一部分上市出售。随着市场经济的发展，百合的价值越来越高：鲜百合每斤 *2* 元多；制成罐头的糖水百合每斤要 *4* 元多；百合粉 *1* 斤可达 *10* 元多，还畅销国外呢。

194. 玉米

别看流口地方小不起眼，却还真称得上山清水秀、物产丰富呢！这儿依山傍水，风景秀丽；这儿有参天的古树，有翠绿的毛竹，还有绿油油的茶叶。若问我最喜欢家乡的什么，我呀，最爱那漫山遍野的玉米。

春天，玉米籽儿发了芽，它张开小嘴，贪婪地吮吸着春天的甘露，尽情地沐浴着柔和的春光，自由自在地长大了。

第六章

写作植物好句

1. 树木

这些老榕树使人想起智慧、慈祥、稳重而又经历沧桑的老人。

这些古松无不蓊郁苍翠，铁杆虬枝，各尽其态，表现出鲜明的个性和独特的风采。

冬天，花凋谢了，草枯萎了，许多树的叶子都落尽了，松树那像针一样的叶子却在寒风中摆动着，好像在说："我们不怕冷！"

那柔嫩纤细的枝条在微风中摇曳，好像两位寿翁捋着长胡子，凝视着东方将升的旭日。

这条小路的两旁，种着几排苗壮、秀拔的小杨树，它们一个个昂首挺胸，就像军容威武的战士那样，整整齐齐地守卫在路旁。

放假了，同学们离开了校园，只有那一排排的小杨树像卫士一样，保卫着学校。

山上的枫树，在前些日子里，满树全是花般的红叶，全是火焰般在燃烧的红叶，忽地全都飘落了。

柳丝在眼前轻拂，就像挂了一幅绿色的垂帘。

月光下，这棵古槐叶子是那样葱茏，枝干是那样粗壮，远远望去，真像一位手执利剑的勇士，又像一个顶天立地的巨人。

惟有松树不畏严寒，依然苍翠地立在白皑皑的雪地里，像是有意在蔑视冬天。

远处柳树垂下柔软如丝的枝条，在春风的吹动下，远远望去像一团团随风飘动的烟。

2．果子

山楂开始红了，像一个个怕羞的小姑娘，躲躲藏藏地露出半个脸儿。

正是杏子成熟的季节，老远就看见树上的杏子像挂着满树的金珠，在阳光下还闪着光呢！

树上果实累累，一个个苹果水灵灵的，像一盏盏小红灯笼似的，高挂在树枝上，红彤彤一片。

荔枝果是球形或卵形的，和荸荠一样大小，只是遍身长满疙瘩。荔枝渐渐成熟了，疙瘩还是那样坚硬。

再看核桃，它们个个圆滚滚的、胖乎乎的，在树枝上看着小朋友们游戏。

苹果有小瓷碗大小，红里透黄，像一张张小妹妹的笑脸，逗人喜爱。

橙黄色的柿子坠弯了树梢；石榴也俏皮地咧开小嘴，向我们微笑。

那葡萄珠儿通明透亮，像一颗颗晶莹的心。

秋天的果园里，果实成熟了，苹果像胖娃娃的脸蛋儿红红的。

秋天到了，枣树结满果实。一颗颗小枣由青到红，像一颗颗红宝石，点缀在绿叶之间。

3. 花朵

刚出土的幼芽，两片椭圆形的小瓣紧紧地合在一起，像刚出生的小孩子没睁开眼睛一样。

那花如万片丹霞、千重红锦，好不浪漫。

每个花瓣都向下垂着，有的被绿叶托住，有的径直垂到了花盆下，犹如垂下的柳丝，真是美极了。

那娇嫩的花瓣，一片片地展开了。雪般的小白花花形秀丽，洁白无瑕。

太阳花越晒越娇艳，越晒越竞相开放，越晒越充满生机，不然怎么能叫太阳花呢？

有的花色粉红，红繁香浓；有的花色紫红，色艳香幽；有的花白蕊绿，清香雅净；有的开红白两色，花瓣上有美丽的斑纹……

仙人球长出了墨绿色瓣，这瓣是那么诱人，那么鲜嫩。还有这刺，像一朵朵小雪花扎在一瓣瓣的棱上。棱分得很均匀，好像谁裁过一样。

那浓密的绿叶衬托着粉红色的牵牛花，远远望去像一块绿色的花布。牵牛花的茎，细嫩细嫩的。

在阳光下，只见它的花瓣白如玉，轻如纱，是那样娇美，又是那么妩媚。

一阵风吹来，蜻蜓花摇了几下，那样子多迷人，真像一位穿花裙的姑娘在跳着优美的舞蹈。

4. 小草

一棵棵小草从酣梦中醒来，它们破土而出，舒展着它那幼嫩的绿叶。

小草给大地披上了绿茸茸的外衣，像是一层碧绿的天鹅绒。

新生的绿草，笑眯眯地软瘫在地上，似低着头在绵绵私语。

枯黄的秋草，像给大山蒙上了一张狮子皮。

微风早已经停息了，枯草枝枝直立，犹如铜丝。

嫩草像绿宝石一般发出悦目的光彩。

茸茸芳草被春色染得绿如碧毯。

5. 叶子

每根树杈上都长着许多嫩绿的新叶子，春风一吹，一片片树叶像一只只摇摇摆摆正学走路的小鸭子的脚。

秋天的雨绵绵地下着，飘飞的树叶带着泪珠回到了大地妈妈的怀抱。

冬天，可怕的西北风吹落了许多树的叶子，可是这株橙子树却坚强地挺立在那里，顽强地同风雪搏斗，永远保持蓬勃的绿色，等待新春的到来。

树叶在空中飞舞，像欢快无比的群蜂一样。

夏日，一张树叶就是一只绿色的巴掌，托着一轮骄阳；一棵树就是一把漂亮的遮阳伞。

梧桐树的叶子黄了，一片片飘下来，像美丽的蝴蝶在空中飞舞。

晚上，树叶沙沙低语，像老奶奶唱的催眠曲，使我很快进入香甜的梦乡。

落叶在我眼前翻旋飞舞，犹如漫天大雪。

6. 其他

成熟的小麦点头晃脑，似乎津津有味地听着银河的絮语。

大合欢树那弯弯曲曲的树干，就像一位驼背的老公公；那葱绿的树冠，就像一顶绿色的大草帽，戴在驼背老公公的头上，为他遮挡着烈日。

野地里有一串串似玛瑙、如珍珠的小果叫野葡萄，放在嘴里一颗，香丝丝、甜津津的，我们都爱吃。

三月阳春，香椿芽开始露头了，一个个小芽头挨着头，就像是多年不见的老朋友在亲吻呢！

藕的切口有着缕缕藕丝，似春蚕吐出的银丝一般，这使我不禁想起了"藕断丝连"这个成语来。

秋，在葡萄架里傻睡着，睡出一嘟噜一嘟噜"汗珠子"，浓缩成压弯架的一串串笑。

第七章

写作植物好词

1. 树木

参天　歪斜　郁郁　枯藤　苍郁　欣欣　旺盛　无边苍翠　葱翠
苍老　葱茏　青翠　笔直　粗壮　低垂青绿　残枝　枯枝　金树
败叶林海　林原　飘荡婆娑　盘曲　新芽　摇曳　起舞　摇摆　茁壮
浩瀚俊秀　挺立　挺直　挺秀　茂盛　繁茂　原林　零落葱葱
茫茫　茂密　飘落　飘洒　飘零　树杈　浓密蔽日　枯败　落叶
吐芽　舒展　笔挺　倒垂　繁盛翠生生　绿幽幽　古木参天
苍翠欲滴　松涛轰鸣　树冠硕大　郁郁葱葱　大树参天　枝繁叶茂
古树郁苍　秀拔凌霄　秀丽多姿　苍翠挺拔　树荫浓郁　遮天蔽日
茂盛如蓬　树木繁茂　浓郁苍劲　一派生机　翠林修竹　墨绿茂盛
亭亭玉立　宛若巨伞　树影婆娑　树干挺拔　笔直娟秀　树叶茂盛
生意盎然　修直挺拔　葱葱茏茏　绿树成荫　挺拔俊秀　绿荫蔽日
树高林密　盘根错节　绿波翻涌　盘曲多枝　古木森然　万木凋零
垂柳拂水　奇松坚石

2. 果子

清香　芬芳　松脆　诱人　可口　瓜藤　瓜壳　瓜子瓜果　绿油油
红艳艳　滑溜溜　白花花　黄灿灿　沉甸甸　甜滋滋　香喷喷
黄澄澄　红彤彤　亮闪闪　水灵灵　胖墩墩　圆乎乎　香味诱人
清香引人　皮薄肉厚　甜酸适口　清脆可口　甘美多汁　硕果满枝
硕果缀枝　荔枝鲜美　柑子灿黄　菠萝金黄　枇杷泛金　蜜桃甘美
凤梨可口　葡萄串串　苹果殷红　果香四溢　硕果累累　红果满枝
藕断丝连　又苦又涩　半红半白　果甜瓜香　果肥汁甜　果园飘香
硕果满园　瓜菜成畦　果实累累　果实肥硕　果香诱人　果实饱满

瓜藤相连　　瓜长似枕　　瓜蔓株连　　瓜甜籽少　　瓜香四溢　　瓜熟蒂落

3. 花朵

野花　　绽开　　盛开　　吐蕊　　怒放　　鲜花　　花蕾　　花粉　　花蕊　　花瓣
花苞　　花卉　　花朵　　一片片　　一朵朵　　粉团团　　紫盈盈　　红艳艳
金灿灿　　一束束　　一树树　　一丛丛　　一簇簇　　一团团　　一枝枝

一枝独秀　　艳压群芳　　琼枝玉叶　　娇艳多姿　　奇香四溢　　奇形异状
奇花异草　　五颜六色　　繁花似锦　　万花争芳　　百花飘香　　百花怒放
百花凋零　　百花齐放　　花繁叶茂　　花枝招展　　花涛香海　　百花盛开
花叶扶疏　　花色迷人　　花香醉人　　花红果香　　花朵硕大　　鲜花盛开
百花争艳　　花红柳绿　　花影摇曳　　花姿俊美　　粉蝶纷飞　　蜂蝶争飞
含苞待放　　蓓蕾满枝　　古色古香　　争妍斗艳　　馥郁芬芳　　芳香四溢
香气袭人　　姹紫嫣红　　色彩斑斓　　千姿百态　　竞相开放　　争芳斗艳
光艳四溢　　花团锦簇　　五彩缤纷　　万紫千红　　丛丛簇簇　　含苞初绽
漫山遍野　　花香四溢　　艳丽夺目

4. 叶子

一丛丛　　绿茸茸　　绿油油　　绿茵茵　　枯枝败叶　　枝繁叶茂　　落叶萧萧
舒枝展叶　　疏枝密叶　　霜叶如花　　满山红叶　　碧绿油嫩　　绿茵遍野
青翠欲滴　　一片绿茵　　茸茸芳香　　嘶嘶作响　　回旋飘舞　　随风旋转
茂密的树冠　　碧绿的叶子　　嫩绿的树叶